マドンナメイト文庫

禁断告白スペシャル 年上の女《ひと》

素人投稿編集部

第一章 年上美熟女の甘美な女肉に誘われて

第二章 豊熟の肉体から溢れ出るメスの淫汁

第三章　夫以外の男根を呑み込む魔性の女穴

第四章　熟れきった女の肉欲が淫靡に目覚め

※投稿者はすべて仮名です

第一章

年上美熟女の甘美な女肉に誘われて

レギンス一枚の熟れた桃尻で年下の男を誘い若いペニスの特濃エキスを味わう淫乱主婦！

大堀聡美　主婦・五十一歳

私は四十代の後半を過ぎたあたりから、運動不足を感じるようになってきました。

それに、太り気味だったこともあり、ＳＮＳでメンバーを募集していたジョギングサークルに参加させてもらうことにしたのです。

このサークルは年齢性別を問わず誰でも参加できますが、全員が私よりも年下でした。二十人ほどいるメンバーのほとんどが二十代で、男女はほぼ半々です。

そのため、まじめに走る人ばかりでなく、走りながらイチャイチャと会話をするカップルのような人たちもいました。

もっとも、私は健康目的なので、目の前でイチャつかれても関係ありません。

それでも男の人たちにまったく見向きもされないというのは、やはりさびしいものがあります。でも、相手は二十代そこそこの若い人たちで、私は五十代の人妻ですから仕方のないことです。

そんなある日のことでした。私はいつものように、サークルの集合場所の広い運動公園に出かけました。ランニングコースの周囲には緑がたっぷりあり、とても気持ちよく走れる場所です。

通常であれば、更衣室で着替えて全員が揃ったところで走りはじめます。私のいつものジョギングの服装は上はTシャツ、下は太ももまでのレギンスにショートパンツを重ねばきした格好です。

ところがその日に限って、ショートパンツを忘れてきてしまったのです。取りに帰るのも時間がかかるし、メンバーを待たせておくわけにはいきません。それに、海外ではレギンスのまま走っている女性もたくさんいます。

少し恥ずかしい思いはするものの、どうせ私の格好など誰も見ていないと思い、その日はレギンスだけで走ってみることにしました。

するといつもは私が最後方を走ることが多いのに、なぜか男性たちが私の後ろを走りたがるのです。

それだけでなく「きれいなフォームですね。だいぶ速くなってきたんじゃないですか」などと話しかけてきました。

こんなことは初めてだったので、どうしたのだろうと不思議に思いました。まるで私が若い女性であるかのように、チヤホヤしてくるのです。

訳がわからないまま走り終えると、メンバーの一人の女性からこう指摘されました。

「あの、大堀《おおほり》さん。レギンスの上に何か着たほうがいいと思いますよ。男の人たちがいやらしい目でお尻を見てましたから」

あわてて鏡で見てみると、確かにレギンス越しにお尻の形と下着の線が、くっきりと浮かび上がっていました。

あまりの恥ずかしさに、私は頭を抱えてしまいました。こんな大きくてみっともないお尻をずっと見られていたなんて、考えるだけで顔から火が出てしまいそうです。

しかしよく考えてみれば、五十代の私の体に若い男性が興味を持ってくれたのです。私なんてオバサンだし、スタイルも若い人のようによくないし、これまで劣等感しかありませんでした。それが勇気を出して大胆な格好をしてみせれば、男性の気をひくことができると、自信がついたのです。

それからというもの、私はあえてショートパンツをはかずに、レギンスだけで走りつづけました。ほかの女性たちには、このほうがヒップラインが美しく見えるからと説明し、白い目は気にしないことにしました。

レギンスもいろいろな種類を取りそろえ、少しでも見栄《ば》えがよくなるよう研究しました。下着の線が出ないよう、走るときはTバックにし、ヒップラインに効果のある体操も始めました。

そうすると不思議なもので、みるみるうちにスタイルにも変化が出て、自分の体が若返ってゆくのがわかるのです。

とりわけうれしかったのが、サークルのメンバーで私が最も気になっていた男性が、よく話しかけてくれるようになったことです。

彼は北村《きたむら》さんといって、まだ二十五歳の独身です。年齢でいえば私とは親子ほど離れています。

私のお気に入りの男性アイドルにも似ていて、サークル内の女性たちからも人気がありました。そんな彼が私のことを気にかけてくれ、どんなに私が遅くても並んで走ってくれるようになりました。

彼とおしゃべりをしながらのジョギングは楽しくて仕方ありません。今日もいっしょに走れると思うと、家を出る前から年がいもなくワクワクしてしまい、恋する乙女のような気分でした。

その日も私たちは、二人で最後尾を走っていました。

イチャイチャとおしゃべりをして、おかげでメンバーとはだいぶ引き離されてしまいました。すると、お腹が急にブルッと冷えてきたのです。

実は私は五十代になってから、やたらおしっこが近くなってきました。そのため走っている途中でも急に催してしまい、トイレに駆け込まなくてはなりませんでした。

「すみません。ちょっとお手洗いに寄っていくので、先に行っていてもらえませんか」

私がそう言うと、彼は「じゃあぼくもちょっと休憩を」と、コース内にあるトイレの前で立ち止まってくれました。

急いでトイレに入り、用を足し終えました。下着もレギンスも汗でぐっしょり濡れています。

そのときふと、もしこのまま下着を脱いで彼の前に出たら、どういう反応をするだろうかと思いました。

走るときにはいつも腰にポーチをつけています。脱いだ下着はここに入れておけば問題ありません。

彼も私のお尻に興味があるのなら、きっと下心もそれなりにあるはず。それを刺激してみたいという、ちょっとした悪戯《いたずら》心でした。

トイレを出て彼の前に戻ると、私は走りながらこう打ち明けました。

「実はあんまり汗で濡れちゃったんで、下着を脱いできたんですよ」

「あ……ああ、そうなんですか。暑いとたいへんですよね」

「だからいま、ノーパンなんです。ふふっ、ビックリしました？」

彼は明らかに動揺していました。しかもそれからは、チラチラと私の下半身ばかりを気にしています。

実際、下着を脱いで走ると、自分でもお尻やあそこを意識してしまい、私まで変な気分になってしまいました。

思いがけないことが起きたのは、走り終えてからです。

いつもは、メンバーと合流し、全員でストレッチをしてから解散になります。そのあとに、彼が声をかけてきたのです。

「大堀さん、ちょっと二人だけでお話ししたいことがあるので。向こうの木陰まで来てもらえませんか」

私は「あっ、はいっ」と返事をして、彼についていきました。

なんだか、いつもと彼の様子が違います。おしゃべりならば走りながらいくらでもしてきたのに改まって話があるなんて、不安と期待でドキドキが止まりませんでした。

私たちはメンバーから離れ、さらに人目のつかない木の陰へ入っていきました。

とうとう、完全に誰からも見えない場所へ連れていかれ、立ち止まったそのときでした。

「あっ……！」

彼が私を正面から抱き締めて、突然お尻を手でさわってきたのです。

「ああ、たまらない。ずっとこうしてやりたかったんです！」

彼は興奮して鼻息を荒くさせながら、強引にお尻をなで回してきます。

「待ってください、こんなところで……お願いだから落ち着いてください」

あわてて彼を止めさせようとしましたが、まったく耳を貸してはくれません。それどころか、私が立ったまま身動きができないほど力を入れてきます。

もっとも私は口とは裏腹に、こうなってしまう覚悟は出来ていました。そうでなければ、おとなしく人けのない場所になんてついてきません。

ただそれはあくまで私の胸の内だけで、彼の前ではか弱く抵抗するふりを続けていました。

「やめて、やめて、ああっ……」

彼の手がレギンスをつかみ、強引に脱がせはじめました。下着をはいていないので、脱がされるとそれだけで下はすっ裸です。

そのまま膝までレギンスを引きずりおろされると、彼はおもむろに目の前に屈み込んできました。

「うわっ！　ほんとうに下着を脱いでいたんですね」

正面から私のあそこをのぞき込みながら、そう言うのです。

「やだっ、イヤっ！」

彼の息を股間で感じた私は、思わず声を出しました。

ただでさえ汗をたっぷりかいているのに、さっきトイレに行ってきたばかりです。それなのに近くで匂いを嗅がれるなんて、あそこを見られるよりも恥ずかしいと思いました。

しかし彼は、お構いなしに顔を離そうとはしません。じっくりとあそこを観察しながら、指でなぞるようにいじりはじめました。

たったそれだけで、私の体にはゾクゾクッと刺激が走り抜けていきました。

「ああっ……」

すでに私と夫の間には、セックスの習慣はありませんでした。他人の手で体をさわってもらうことさえ久々だったのです。

長いこと忘れていた快感を呼び覚まされた私は、彼の指の愛撫で喘ぎ声を出してしまいました。

「いやらしいですね。そんなに感じるんですか？」

さっきまで、やめてとかイヤとか言っていたのに、私のあまりの変わりように彼もあきれていたのでしょう。

だけどそれはしょうがありません。だんだんと気持ちよくなってくるばかりか、彼に見られていることに興奮してきてしまったのです。

彼はあそこに沿って動かしていた指を、ぬるっと中に入れてきました。

「ああっ、ダメ……」

私はさらに甘い声を出してしまい、彼の手首を強くつかんで引き寄せました。

彼はそれを、私からの催促のサインだと思えたのでしょう。奥まで入れた指先をクリクリと動かしはじめました。

「あんっ……！」

あそこの奥から急激に快感が広がってきます。私はそれに逆らえないまま、足をもじもじさせて踏ん張っていました。

「もう濡れてきましたよ。ほら」

私にもわかるように、彼は挿入した指をぬるぬると動かしてみせました。

もう片方の手は、相変わらず私のお尻をさわったままです。よほどさわり心地を気に入ったのか、飽きずになでたりつまんだりしています。

それどころか私の後ろに回り込むと、お尻に顔まで押しつけてきたのです。

「ああ……この大きいお尻、最高ですよ。このムチムチしたお肉がたまらない！」

彼がお尻好きなのは気づいていましたが、頬ずりをするほどとは思いませんでした。

なんだかお尻の大きさをほめられてうれしいような、逆に恥ずかしいような、複雑な気分です。

「やっぱり、ふだんから人に見られたくて、レギンス一枚で走ってるんですか？」

「え、ええ……そういうところもないわけじゃないけど……」

「だから、わざわざノーパンだなんて言って、ぼくを挑発してきたんですね。こうなるのも全部わかっていて」

彼の言うことを私は否定できませんでした。ちょっとからかうつもりだったなんて、いまさら信じてもらえないでしょうし、彼が襲ってきた責任も自分にあるのはまちがいありません。

だからこそ私はおとなしく彼にすべてを委《ゆだ》ね、彼もこのまま最後までいけると確信したようでした。

彼は脱ぎかけだったレギンスを足首から抜き取り、私のランニングシャツも脱がせました。最後に残ったスポーツブラも、彼の手で奪われました。

これで私は、丸裸でシューズをはいただけの格好です。

脱いだものはすべて地面に置かれ、全身をジロジロと眺められました。

お尻に比べて小さなサイズの胸も、太っていたころの名残《なご》りがあるお腹も、夫にしか見られたことがないものです。

「そんなに近くで見られると、恥ずかしいです……」

年がいもなく照れて体を隠す私に、彼はさっきと同じように股間を手でさわりはじめました。

「もうこんなに濡れてるじゃないですか」

「んんっ、あっ……」

彼はすっかり私の弱点を知ってしまったようです。あそこの奥に指を入れてグリグリされると、たちまち声が出てしまうのです。

ただここは野外で、ジョギングコースも近くにあります。あまり大きな声を出してしまえば、誰かに気づかれてしまうかもしれません。

そんな心配が頭をよぎるものの、体は快感に逆らうことができず、どうしても喘ぎ声を抑えきれませんでした。

しかも彼は腰を屈めると、今度はあそこを舐めはじめたのです。

「はぁんっ！　ああっ、待ってください。そんなに……ああっ」

これまで同様に、彼は強引に股間に顔を埋《うず》め、舌を這わせてきます。私が必死になって声を我慢していてもお構いなしです。

もう私は快感に流されるまま、あそこを指と舌で同時に責められ、ひたすら喘ぎつづけました。

「ああ、もうこれ以上は無理です……立ってられません」

私が弱音を吐くと、ようやく彼は指をあそこから抜き、顔を離してくれました。

「じゃあ、ぼくも脱ぎますから」

そう言うと、彼も立ち上がってランニングウェアを脱ぎ、丸裸になりました。お互いに全裸で向かい合ってみると、私と彼の間には大きな違いがありました。

男と女の違いは当然ですが、私は五十代で彼は二十代です。やはり体の若々しさや、肌の艶《つや》に年齢差を感じました。

ただ彼が私の体を見て興奮しているのは、股間を見ればはっきりわかります。

まるで私に見せつけるように、ペニスが逞しくそそり立っています。サイズも長さも、夫のものよりもはるかに立派でした。

久しく男性の勃起したものを目にしていなかった私は、ついまじまじと見とれてしまいました。

「ぼくのものも、しゃぶってくれませんか?」

「あっ、はいっ……」

彼からリクエストされ、私はあわててしゃがみ込みました。

あれだけ私のあそこを舐めたりいじったりしてくれたのだから、私も気持ちよくしてあげなければ。そんな使命感を抱きながら、ペニスに口づけをしました。

それから舌を、ペニスの裏側と先っぽに這わせます。夫はここへのキスを好んでくれたので、彼にも同じように舌の愛撫とキスを交互にしました。

「ああ、いいですね、それ。すごく興奮します」

私のおしゃぶりのやり方を、彼も悦んでくれています。

体に若さはなくても、私には年季の入ったテクニックがあります。それを味わってもらおうと、今度は口いっぱいにペニスを咥え込みました。

異性特有の汗臭さとしょっぱい味がしても、まったく気になりません。舌を絡みつかせて歯を立てないように唇で締めつけながら、顔を上下に動かしました。

「うう……」

聞こえてくる声で、彼が気持ちよくなっているのが伝わってきました。

私も気分が乗ってきてしまい、いつも以上に舌の動きに力が入りました。舐める場所を変えながら、舌の表と裏を使って手を休めません。

「待ってください。ストップ、ストップ！」

すると、突然彼からストップがかかりました。

「危なかった……イッちゃいそうでしたよ」

どうやら知らないうちに、私は彼を追い詰めていたようです。口からペニスを引き抜いた彼は、私の後ろに回り込みました。

「じゃあ、そこに手をついて、お尻を突き出してください」

私は彼の指示に従いました。地面の上に四つん這いになり、お尻を突き出して彼を待ちます。

彼の手で腰が抱えられ、ペニスがお尻の穴の近くにこすりつけられました。

ですが、なかなか入れてはもらえません。私はもどかしい気持ちになり、お尻を振って彼におねだりをしました。

「早く、早くしてください……」

彼はそんな私のあせる姿を見て、楽しんでいたようです。さんざんじらしてから、ようやくあそこへペニスを挿入してくれました。

「はぁんっ……！」

あんなに気をつけていたのに、また私は大きな声を出してしまいました。

なにしろ待ちに待った久々のセックスで、しかも相手は若い男性です。忘れかけていた快感を呼び起こされ、たちまち体に火がつきました。

彼は私を後ろから抱きながら、お尻を引きつけます。そうするとあそこの奥までペニスの先が届きました。

「ひっ、ああ……そんなに」

あれほど深く突かれたのは初めてだった私は、体が大きくのけぞってしまいました。

続けて彼の腰が動きはじめると、ひと突きごとに「ああっ」と声が出てしまいます。

「そんなに大きい声を出すと、人が来ちゃいますよ」

彼はそう言いながら、少しも手をゆるめてはくれないのです。おかげで、あそこからの快感が途切れることはありません。

ようやく私も刺激に慣れて、少しは声を我慢できるようになりました。

すると後ろからおおい被さってきた彼が、耳元で声をかけてきました。

「どうですか、疲れてるなら少し休憩しましょうか？」

「あっ、いえ、平気です……そのまま続けてください」

私の体力を心配してくれたのでしょうか。しかしまだ彼とつながっていたい私には、そんな心配は不要でした。

「じゃあ、このまま最後までいきますね。ぼくもたっぷり楽しませてもらいますよ」

どうやら彼も、私の体に満足しているようで安心しました。せっかくひとつになれたのですから、私だけが気持ちよくなってもあまり意味がありません。

だけど五十代の私では、彼を悦ばせるのにも限界があるはず。二十代の子のように筋肉はついていませんし、あそこの締まりも衰えているはずです。

そこで彼の腰のリズムに合わせ、私もお尻の穴に力を入れてみました。いつもやっているヒップラインを引き締める体操です。

「もしかして、ぼくのために締めつけてくれてるんですか？」

何度も繰り返していると、彼も私のやっていることに気づいてくれました。

「少しでも楽しんでいただけたらと思って……どうですか？」

「ああ、やっぱり……いまも中が締まって、すごくいいですよ」

やはりこの運動はセックスにも効果があったようです。私の気持ちが伝わって、うれしく感じました。

それだけではありません。彼は私の顔を振り返らせると、優しくキスまでしてくれたのです。

セックスよりも、彼がキスを求めてきたことに感激しました。うれしくて、つい自分から舌を出して、なかなか離れようとしなかったほどです。

やがて彼の腰の動きが激しくなり、射精が近いことがわかりました。

「そろそろ……いいですか？」

「はい……あっ、ああっ、遠慮しないでそのまま……出してください！」

私の言葉に、彼は一瞬とまどっていました。ですが私はもう生理が年に数回しかない、閉経間際の体です。妊娠の心配はまずありませんでした。

彼もペニスを抜いてしまうのが惜しかったのか、私が望んだとおりに、最後は中で射精してくれました。

「うっ……で、出るっ！」

彼の気持ちよさそうな声と同時に、つながっているあそこの奥で、激しくペニスがふるえているのがわかります。

じんわりと、温かいものが広がっていく感覚も久しぶりでした。若いエキスをたくさん注いでもらい、それだけ彼も満足したのかと思うと、私もホッと安心しました。

こうして一度体を重ねてしまうと、私たちはあっという間に歯止めがきかなくなりました。

サークルがある日は二人で仲よく走り、走り終えると場所を変えてセックスするのがお決まりのパターンです。ホテルまで行くこともあれば、夫が仕事でいない自宅に彼を招き入れたこともあります。

いまではサークルの誰もが、私たちの関係に気づいています。いい年をして年下の男性とイチャイチャする私に、女性たちはあきれているようです。でも彼とのセックスの気持ちよさを考えると、そんな視線なんて全然気にならない私です。

憧れだった母親の旧友を女として意識した僕
熟れすぎた柔乳と甘い舌技で肉竿を弄ばれて

前田大輝　会社員・二十八歳

母の旧友のご主人が亡くなり、母と二人でお葬式に行ったのは三カ月前のことです。母の旧友のおばさんは、ぼくの母の高校時代のクラスメイトです。それで小さいころからときどき、春園《はるぞの》家には母といっしょに遊びにいきました。

春園のおばさんの名前は、ちとせさんといいます。母はいくつになっても、高校時代と同じように「ちとせ」と呼んでいます。でも、ぼくは子どものころから「春園のおばさん」と呼び、そしてそのご主人のことは「春園のおじさん」でした。

いま思えば、春園さんご夫婦は、おじさん、おばさんという呼び方にふさわしい温かみのあるおっとりした雰囲気の人柄で、子ども心にもそれを感じとっていたのでしょう。もちろん、そんな呼び方をしても、二人ともニコニコしていて、少しもいやな顔をしませんでした。

特におじさんは、ぼくをとてもかわいがってくれました。春園さんには子どもがいなかったからだと思いますが、母とぼくが遊びにいくと、おじさんはぼくを連れ出して、近くの公園に遊びにいったり、商店街をぶらぶらしてお菓子を買ってくれたりしました。ときには、春園さんご夫婦とぼくの母とぼくの四人で、ドライブをしたりしました。

ぼくの父親がとても忙しくて、あまり家にいなかったこともあって、生まれて初めてキャッチボールや釣りをしたのも、自転車の乗り方を教えてくれたのも、春園のおじさんでした。ぼくの少年時代を思い返すと、もしかしたら春園のおじさんは、実の父よりも存在感が大きかったかもしれません。

そんな人が亡くなったのだから、もちろんお葬式に行かないはずはありません。特におじさんが病気で入院してから二年近くも会っていなくて、そのまま亡くなってしまったので、どうしても最後のお別れをしたかったのです。

ぼくは、ちょうどその二年の間に結婚しました。おじさんが元気なら、妻のことも紹介したかったのですが、それもかなわず、とても残念な気持ちでした。

春園のおばさんは、ぼくの姿を見ると、とても喜んでくれました。もうこの年齢になって「春園のおばさん」という呼び方はないだろうと思い、「ちとせさん」と呼ぶようにしたのですが、ちとせさんはぼくの手を握り、涙を流して喜んでくれました。こんなこと言うのは不謹慎ですが、泣いているちとせさんは、とてもきれいに見えました。

お葬式には高校時代の同級生も何人か来ていたのですが、ぼくの母はその人たちと昔話をしていたので、ぼくはちとせさんとばかり話しました。そして、おじさんが最後までぼくのことを気にしてくれていたことなどを聞かせてくれました。ぼくは、やっぱりこのご夫婦はぼくにとって大切な人たちだと実感しました。

「大輝《ひろき》君、結婚したんだってね」

「おじさんに、妻を紹介したかったです……」

「あの人、きっと喜んだだろうね……」

そんなことを言われて、つい泣きそうになりました。

そして後日、春園さんの家に行く約束をしたのです。

ちとせさんが「何か形見分けをしたいから」ということでしたが、ぼくとしては、久しぶりにちとせさんとゆっくり話せるのが、なによりの楽しみでした。

それから二週間ほどして、ぼくはちとせさんの家にうかがいました。初七日は仕事の都合で行けなかったので、まずは線香を上げました。「よかったら、お嫁さんも連れてきてよ」と言われていたのですが、一人で行きました。どうしても一人で会いたかったのです。

　そしてそのとき、ぼくは自分がいままで、ちとせさんに対してどんな気持ちを持っていたのかということに気づきました。

　ぼくの母親とちとせさんは、まるで正反対のタイプです。母は派手好きで性格も明るくて奔放です。ちとせさんは逆に、おとなしくて清楚なタイプ、ふんわり包み込むような包容力があります。どうしてこんな対称的な二人が親友なのか、よくわかりません。あまりにも違いすぎるから、仲がいいのかもしれません。ともかく、二人は全然違うということを、ぼくは子どものころから感じていたのです。

「母とちとせさんが大人になっても親友なのが、子どものころからずっと不思議だったんですよ」

　そのことを話すと、ちとせさんも笑ってうなずきました。

「そうなのよね、相手が自分が持ってないものを持ってるから、ひかれるのかもね。奥さんはどんな人なの？」

「うーん、あきらかに母のタイプです。やっぱり女性観というのは母親の影響を受けるみたいで、気づいたら母と同じタイプの人と結婚してました」

「まあ、そのほうがお母さんもうれしいんじゃないの？」

穏やかに笑うちとせさんに、ぼくは思いきって打ち明けることにしました。

「でも、正直に言うと……ぼくの初恋は、ちとせさんだったと思います」

「え……初恋？」

「小学校のときから、ぼくはちとせさんに会うのがすごく楽しみだったんです。おじさんも大好きだったけど、でも、ちとせさんの旦那さんだっていうのが、どこかでうらやましかったんじゃないかな」

ちとせさんは恥ずかしそうにしながらも、ぼくの手を握ってくれました。

「そんなふうに言われると、とてもうれしいわ。特にいまはさびしいときだから」

「よかったら、ぼく、これからもここに来ていいですか？　やっぱり、ちとせさんといると、なんだか幸せな気分になります」

ちとせさんはにっこり笑うと、握ったぼくの手を自分の胸元に引き寄せました。ニットのカーディガン越しに、ふっくらした胸のふくらみが伝わってきました。母はスリムな体型ですが、ちとせさんは豊満です。太ってはいないのですが、胸もお尻も女性らしい丸みがあります。思春期のころからぼくは、一度でいいからちとせさんの乳房やお尻に、思いきり顔を埋《うず》めて甘えてみたいという願望がありました。

「いまだから正直に言いますけど、オナニーを覚えてからは、ちとせさんを何度オカズにしたかわかりません」

「まあ……そうなの？」

小さいころから親しくしている相手だから、そんなことも平気な顔で言えました。ちとせさんは今度こそ顔を真っ赤にしましたが、ぼくの手が乳房のふくらみを確かめるように動いても、いやな顔をしませんでした。

「そんなふうに思ってもらえるの、すごくうれしい。男の子って、一人エッチ覚えたら毎日だってしちゃうんでしょ？」

「はい、します。ぼくもちとせさんの裸を想像しながら、してました」

「そんなに露骨に言わないで。なんか、へんな気持ちになっちゃうじゃない」

ぼくは我慢できなくなっていました。ずっとあこがれて想像していた乳房に、いま衣服ごしに触れてるんだと思うと、下半身が硬くなってくるのがわかりました。

「大輝君、いけないわ……」

そう言いながらも、ちとせさんは少しもいやがってる顔をしていません。ぼくは大胆になって、乳房を両手でもみました。服の上からでも、たっぷりとして重量感があるふくらみでした。乳首の場所もわかりました。そこを指先でこすって刺激すると、ちとせさんは甘い吐息を洩らしました。ぼくにはそれが、何をしても許すわよという合図のように聞こえました。

「子どものころからの夢をかなえていいですか？」

そう言って、ちとせさんの胸に顔を埋めました。

思ったとおり、柔らかくて、なんだかほっと安心するような豊かな胸でした。妻とは全然違います。もちろん妻のことは好きだし、不満はないし、この人と結婚してよかったと思える相手です。でもほんとうに好きなタイプといえば、やはりちとせさんのような、ふくよかで包容力のある女性なんだと、あらためて思いました。

顔をこすりつけながら、乳首のあたりを刺激していると、ちとせさんの息遣いが速くなってくるのがわかりました。

「もう……しょうがない子ね」

ちとせさんの手が、ぼくの体を撫で回してきました。まるで、駄々をこねる子どもを落ち着かせるような優しい手つきでした。でも、そのまま手はゆっくり下半身へと降りていき、股間にたどりつくと、ズボンの上からぼくの昂《たかぶ》りをギュッとつかんできました。ちょっと意外な展開に、すっかり舞い上がってしまいました。

「私もね、本当は大輝君のこと、すごく好きだった。ここが、どんなふうに成長したか、いつも気にしてたのよ」

「ほんとに？　どれくらい大きくなったかなあとか、毛は生えたかなあとか、先っぽは剝けてるのかなあって……」

　ちとせさんの口から飛び出す思いがけない言葉に、ますます興奮したぼくは、思わずちとせさんにキスしてしまいました。ぽってりとした唇は、すごく卑猥な感じがしました。舌をからめていると、熱い唾液が流れ込んできました。そうしながら、ちとせさんの指がズボンのファスナーをおろしてきました。

「ねえ、確かめさせて。大輝君の、これ……」

　ちとせさんは、パンツの中から男性器を引っぱり出しました。それはもう、痛いくらいに勃起して上を向いていました。はあ、というような溜め息を洩らしながら、指がそれをこすり上げてきます。妻がしてくれるような激しい愛撫ではなく、いとおしむような優しい愛撫でした。

「ああ、こんなに立派になっちゃって……いつからこんなになったの？　私を想像しながら、これをこすり上げてたのね」

「そうです。ちとせさんをオカズにして、オナッてました」

「うれしい……こう？　こんなふうにしたの？」

ちとせさんは指を上下させました。全身に電気が走ったようにビクンと震えてしまいました。ぼくは思わずちとせさんのカーディガンを脱がせ、前を開いてブラジャーの中から大きな乳房を引っぱり出しました。目の前にボロンと溢れ出た乳房にむしゃぶりつき、大きめの乳首に吸いつきました。それはまるで、授乳のようでした。

「あらあら、赤ちゃんみたいね。いいわよ、もっと吸って。チュウチュウして」

妻も含めて、いままでに何人かの女性とセックスしてきましたが、乳首を口に含んでこんなに大きいと感じたのは初めてでした。イチゴかブドウをしゃぶってるような感じで、しかも舐めてるうちにコリコリに硬くなってくるのです。それがとても卑猥な感じで興奮してしまいました。

ちとせさんは、乳首をしゃぶられながら男性器をこすってくれます。優しく、大切なものに触れるように、でもどこが気持ちいいのかよく知ってるらしく、先端やカリの周りなどの、すごく敏感なところを指先で刺激してくれます。

そして先端から先走りの液が溢れてくると、それを亀頭にぬりつけたり、肉棒の部分にこすりつけたりして刺激してきます。おっとりして包容力豊かなちとせさんが、そんなふうに男性器を感じさせるテクニックを知ってるということが、とても意外なだけに興奮してしまいました。

「こんなふうにしてたの？　こうやって、シコシコしてたんでしょう？」

「は、はい、そうです……ちとせさんをオカズにして、しごき上げてました」

「それで精子を飛ばしてたのね。想像するとドキドキするわ」

そう言いながら、なおも激しくこすり上げてきました。なんだかもう頭がぼんやりしてきて、チュウチュウ音を立てて乳首を吸いまくりました。

「ねえ、お願い、お口でさせて……あなたのを、おしゃぶりしてみたい」

ちとせさんに言われて、ぼくは畳の上にあおむけになりました。するとちとせさんは下半身におおいかぶさるようにして、勃起した男性器を口に含みました。ちとせさんの口の中は、とても温かくてまるで女性器のようです。しかも舌先が小刻みに動いていろんな場所を刺激してきます。

「ああ、これが大輝君のおち○ぽ……すごく立派、もう大人なんだね。私、ずっとあこがれてたのよ、あなたのおち○ぽ」

卑猥な言葉を言いながら、根元からしごき上げてくる手つきは、ふだんのちとせさんからは想像もできないくらい、いやらしくて別人のようでした。

ちとせさんは自分でカーディガンを脱いで乳房を丸出しにすると、男性器をつかんで乳首にこすりつけ、小さく喘ぎました。そして乳房の間にはさんで、パイズリまでしてくれました。ふくよかで弾力のある乳房の間で、もみしだかれている自分の男性器を見ているだけで、興奮して先走り汁が溢れてきました。このままだとパイズリだけで射精してしまいそうだと思っていると、ちとせさんは上擦った声で言いました。

「大輝君、私のも舐めてくれる？　はしたないことするけど、軽蔑しないでね」

そう言ってスカートを脱いで下着も脱ぐと、ぼくの上におおいかぶさってきました。いきなりのシックスナインに驚きましたが、目の前に現れた女性器は、もう垂れ落ちるくらいに愛液で濡れまくっていました。

「お願い、舐めっこして。私、これが好きなの。エッチでしょ？　大輝君と舐めっこできたら、私、すごく幸せ……」

もちろん、いやなはずがありません。ぼくの視界の大部分を占める大きなお尻を両手で抱きかかえると、大喜びでそこに顔を埋めました。そしてむっちりした太ももに顔をはさまれながら、思いきり舌を伸ばしてそこを味わいました。

もわっとするような女性器特有の匂いがしましたが、相手がちとせさんだというだけで甘い匂いに感じました。

指で割れ目を広げて、意外と大きなクリトリスを舌先で刺激すると、腰をくねらせて、そこを顔に押しつけてきます。陰毛が薄いので、その部分がドアップになりました。控えめなビラビラも肛門も、すべてが目の前にあります。もう夢中になって舌を這わせて味わいました。ちとせさんのすべてを味わいたいと思いました。

「ああ、すごい……こんな気持ちいいの初めて！」

ちとせさんはそう言いながらお尻を押しつけてきました。顔中が愛液でぬるぬるになりましたが、それもまた幸せでした。

感じれば感じるほど、ちとせさんがぼくの男性器をしゃぶる動きも激しくなってきました。ジュボジュボと卑猥な音を立てながら、頭を上下させていました。

子どものころから知っているちとせさんと、こんなワイセツなことをしていると思うと、もう頭がボンヤリしてきました。タマのほうまで指で刺激され、そこがキュンキュン上がってくるのがわかりました。

「ああ、タマタマもかわいい。すごくエッチな形と色だね」

そう言って太ももの間に顔を埋めて、タマの裏のほうまでしゃぶってきます。想像もしていなかった、いやらしさでした。

ぼくもお返しに、穴の中まで舌先を突っ込んだり、ビラビラを唇ではさんだり、アナルに舌先をねじこんで奥のほうまで刺激したり、ともかく何でもやりました。そのひとつひとつに喘ぎ声をあげ、お尻を揺さぶって反応するちとせさんを、すごくかわいいと思いました。

やがてちとせさんは、しゃぶるのをやめて言いました。

「こんなことしてたら我慢できなくなるね。本当はお互いに舐めっこして、お口でイカせ合ったらおしまいにしようと思ったんだけど、無理みたい……」

「え、どういうことですか？」

「ねえ、今日だけ、二人の秘密を作らない？　小さいころから知ってる大輝君のこと、欲しくなっちゃった」

そんなことを言われて、断れるはずがありません。

「いいんですか？　こんなぼくが相手で不満じゃないんですか？」

「不満なわけないじゃない。あなたとなら、主人もきっと許してくれる……」

ちとせさんは体の向きを変えました。そしてぼくの下半身に跨《またが》ると、男性器をつかんで自分の割れ目に押しつけました。まだ信じられなかったけど、これは現実なんだと自分に言い聞かせました。

「大輝君、これが私のおま○こよ」

そう言って、腰をグッと沈めてきました。豊満なちとせさんの、熱い肉のかたまりがぼくの性器を包み込みました。同時にきゅっと締めつけられて、奥のほうでは何かがからみついてくるような感じでした。

いまぼくは、ずっとあこがれていたちとせさんと、ひとつになったんだ。

そう思うと、すごく感動しました。

たとえば、いままで初めて童貞を失ったときとか、いまの妻と初めてセックスしたときとか、忘れられないセックスの記憶はいくつかあります。でも、その瞬間の鳥肌が立つような感覚は特別でした。

「すごいですね……言葉になりません」

「何も言わなくていいじゃない。大輝君の気持ちは大輝君のおち○ぽが、ちゃんと示してくれてるから。私の気持ちもわかる?」

「はい、わかります。ちとせさんのアソコ、すごく熱くて濡れてます」

「そうでしょ?　それが私の気持ち。じゃあ、動くね……」

「はい、好きなように動いてください」

ちとせさんは最初はゆっくり腰を動かしました。ぼくのものをアソコの神経で全部味わうように、締めつけながら前後左右に小さく腰を振りました。

「ああ、わかるよ……大輝君のアレ、カリが大きくて先端がパンパンに張ってて、サオのところも力強いんだね。すごく立派なイチモツ」

「好きですか？　ぼくのコレ」

「好き、大好き。あなたがこんな立派なモノ持ってるなんて、すごくうれしい」

そしてぼくの母の名前を口にしました。

「あの人も知らないんでしょう？　自分の息子が、こんなに逞しくてステキなイチモツ持ってること」

「もちろん知るわけないです。知ってたら大問題です」

「そうよね、私だけが知ってるのよね。あああ……」

ちとせさんは少しずつ腰を大きく動かしました。ちとせさんの中で、ぼくのモノがいろんな方向に翻弄《ほんろう》されています。動くたびに快感がギュンギュン広がって、思わず声が出てしまいます。

さらにちとせさんは、ぼくのシャツの前を開いて、乳首にも触れてきました。

「かわいいおっぱい。勃起してるじゃないの」

そう言いながら、そこを指先で転がしてきます。そんなことは、いままでだれにもされたことがなかったのでビックリしましたが、経験したことのないようなくすぐったい快感でした。

「おっぱいでも反応しちゃって、かわいい」

ちとせさんは乳首をつまみ上げながら、思いきり腰を動かしました。さっきまではぼくの性器の形を確かめながら動いていたのに、気がつくと欲望のままに好きなようにお尻を振っていました。ぼくが知っているちとせさんからは想像もできないような激しさでした。ヌチョヌチョという卑猥な音も聞こえています。二人が合体している部分は、濃厚な愛液が溢れて熱を帯びていました。

「なんかすごいです、ちとせさん、激しいんですね……」

「激しいのイヤ？　こんな女、軽蔑する？　ガッカリしたんじゃない？」

「まさか。うれしいです。ずっとこうなりたかったから、すごく幸せです」

「ほんとに？　言ったわね。もう知らないから……私、本気になっちゃうよ。私の本当の姿を見ても、嫌いにならないでね」

和式トイレのような格好になってお尻を上下に動かしながら、ちとせさんは動物のような大きな声をあげました。信じられない姿にぼくもすっかり興奮してしまい、すぐにでも射精しそうでしたが必死で我慢しました。

するとちとせさんは体を離し、畳の上に両手をついてお尻を突き上げました。

「ねえ、今度はうしろからして。バックから突いて……」

ワイセツな形の丸いお尻を振りながらそう言われて、ぼくはしばらく四つん這いのちとせさんを鑑賞しました。アソコを中心にして太ももの内側もお尻のほうも全部ビショビショに濡れています。むっちりした柔肉に埋もれるようにして、ピンクの肉ひだが誘っています。そのすぐ上には、色の濃いアナルが、きっと無意識にだと思いますがヒクヒクして、すぼまったり広がったりしています。

たまらなくなってぼくはそこに顔を埋め、濃厚な愛液臭のする女性器も、いやらしくうごめくアナルも、全部舐めまくって味わいました。きっとこんな経験は二度とないと思い、忘れることがないように、味も匂いも感触も、全部知っておきたかったのです。舌を動かすと、ちとせさんはお尻を揺らしてうめきました。

「すごく汚いのに舐めてくれるんだね、うれしい。もうこんなこと二度と経験できないと思ってた……なのに大輝君にされるなんて、すごく幸せ」

舌先を女性器に突っ込み、奥をまさぐりました。ビラビラを舌ではさみつけ、ゆっくり愛撫しました。さらには舌先をとがらせてアナルにもねじこみました。

「ああ、わかる。大輝君が私の恥ずかしいところを全部味わってるのわかるよ。いやらしいけど、うれしい。どう？　おいしい？　私のおま○ことお尻」

「おいしいです。ぼくがいままで味わった中でいちばんおいしいです。ぼく、ずっとちとせさんのこんな姿を想像してオナニーしてましたよ。ちとせさんのここ、どんな味だろうって想像しながら、ぼく、シコシコしてました」

「すごく破廉恥《はれんち》なこと言うのね、でも興奮する。ねえ、もう我慢できないから、入れて……この格好で挿入して！　あなたのおち○ぽで貫いて！」

言われたとおり、背後からぼくは性器をそこに押し当て、ゆっくりと沈めていきました。ちとせさんを後ろから犯すのは、ひどく背徳感がありました。それがまた、たまりません。両手でお尻を抱きかかえて、ゆっくり前後に腰を動かしました。

「ああ、私、大輝君に犯されてる……あんなにちっちゃくてかわいかった大輝君に、こんな破廉恥な格好で犯されてるのね！」

ぼくのモノが、ちとせさんの女性器に出たり入ったりしているのが丸見えです。しかもアナルまでヒクヒク動いています。すごくワイセツな眺めです。思わずアナルにも指を押しつけ、クリクリと刺激しました。

「いやん、そんな恥ずかしいところまで。たまんない。ねえ、私、お尻も感じるの。変態でしょう？　こんな変態な姿を大輝君にさらすの、恥ずかしいよお……」

そう言いながらも、お尻をフルフルさせながら感じまくっています。アナルを刺激しながら思いきり突き上げると、ふだんからは想像もつかないほどえげつない声で喘ぎはじめ、両手で畳をかきむしるようにしています。

そんな姿を見せられたら、もう我慢できません。あまりのギャップにイキそうになると、ちとせさんは今度はあおむけになりました。

「最後は前から入れて。いっしょにイキましょう……」

ようやくぼくたちは、正常位でつながりました。そしてキスしながら、思いきりピストンしました。ちとせさんがふっくらしているせいか、全身がぴったり密着している感じですごく幸福感がありました。思いきり舌をからめ、唾液を吸い上げて味わいました。濃厚なディープキスをしながら、激しい出し入れを繰り返しました。

「気持ちいいよお……こんなの初めてえ！」

ちとせさんのアソコがグイグイ締め上げてきます。感じすぎて、体が勝手に反応しているようです。男性器がヌルヌルの熱い膣の形とピッタリ一致して、ほんとうにひとつになってる感じがしました。

「すごい、なんかもう幸せです！」

「私も、すごくいいの。あなたのおち○ぽで狂っちゃうよお！」

最後の絶頂まではアッという間でした。十代のころ、ちとせさんを妄想しながらオナニーしまくっていたときのことが頭をよぎりました。まさかこんな日がくるとは思わなかった。そう思いながら、最後のピストンを速めました。

「イクの？　出すのね？　いいわよ、お精子出して、中に飛ばして！」

「いいんですか？　中に出しますよ、イキます、ちとせさん！」

そうして、二人で同時に絶頂に達しました。

不思議なことに、妻とのセックスよりも大きな快感でした。長い長い射精をしてゆっくり引き抜くと、そこから白い濃い液体がドロリと流れ落ちました。


これが、初めてちとせさんと交わったときのことです。しばらくは照れくさくてお互いの顔を見れなかったのですが、最後は恋人同士のようなキスをしました。子どものころから、いつかこうなるという運命だったのかもしれません。そう思うと、ますます幸せな気がしました。

最後にもう一度、おじさんの仏壇に線香を上げました。

そして、それ以来ぼくはときどき、一人でちとせさんを尋ねています。たとえ結婚していても、ぼくにとってちとせさんは、生涯たった一人の女神なのです。

若い宅配業者の男から想いを告げられた私は久しぶりの極硬棒を欲望のままに堪能し……

日高千恵　小売業・五十二歳

私はとある地域で、お弁当屋さんを経営している者です。

昨今の外出自粛に伴い、一カ月前にデリバリーの専門業者と契約を結びました。

もっとも有名な「ウー〇ーイー〇」という業者です。

お店から宅配員の指定はできませんが、宅配員の居住地の関係などで、同じ人が繰り返しそのお店の担当となることがままあるようです。

うちのお店もそうで、さわやかで愛想のいいお兄さんが、ほぼうちの専属のような感じになっていました。

その宅配のお兄さん、二十九歳の福島《ふくしま》さんと、まちがいを犯してしまったのです。

その日、うちのお店から連絡を入れ、商品を受け取りにきた福島さんは、どこか体調が悪そうでした。

「どうしたの？　具合でも悪いの？　事故でも起こしたらたいへんよ」

「すみません、大丈夫です。気をつけます……」

福島さんはバツが悪そうに笑い、キャップのつばに手をやりました。こんなイケメンは、すまなさそうな笑いでもさわやかなんだなと妙に感心したのを覚えています。

いっしょに表に出て、うちの商品をバイクの荷台に積むのを手伝いました。

「毎日忙しそうね。うちが何件も頼んでるからだけど。ちゃんと栄養は摂《と》れてる？お休みはあるの？」

「不謹慎だけど、この外出自粛は稼ぎどきだから。明日は休みだからゆっくりしますよ。一人暮らしなんで、食事はいつも外食かコンビニ弁当です」

「あら、体に悪いわ。今日、仕事が終わったら、うちへ食べにきたら？」

親心が働き、私はついそんなことを口にしました。

「えっ……すごくうれしいけど。ぼく、今夜零時まで勤務なんですよ」

福島さんは、かなり残念そうに眉根を寄せました。

「かまわないわ。私も二階の事務所で遅くまで仕事してるから。お仕事が終わって、気が向いたら連絡をちょうだい。私のスマホの番号これだから」

「じゃあ、お言葉に甘えてお邪魔します。楽しみです！」

形式的な辞退をすることもなく、福島さんは少年のように笑いました。

ほかのデリバリーが立て込んでいるかもしれないので、あまり引き留められません。

「では、安全運転でお届けしてきます！」

おどけて敬礼をしてバイクを走らせた福島さんに、私はまるで自慢の息子を見送るように手を振りました。

お弁当屋さんは、五年前にリストラにあった主人と始めたもので、おかげさまで近隣からかわいがっていただき、なんとか続けています。その主人が二年前に心筋梗塞《しんきんこうそく》で亡くなったのですが、パートさんたちの協力もあり、すぐに私一人でも元の安定経営に戻すことができました。

お店は午後九時に閉店し、パートさんたちが後片づけをする間、私は二階の事務所兼休憩所で、経理やシフトづくりなどの仕事をします。

午後十時前に、最後の大学生のアルバイト君が帰宅すると、しばらくして福島さんからスマホに着信がありました。

別の人が仕事を代わってくれたので、いまからお店に向かえるとのことでした。

私は一階に戻り、もう一度フライヤーに火を入れました。お弁当の具材をいくつか用意し、冷蔵庫から飲み物も用意しました。

たいした考えもなく口から出た言葉でしたが、福島さんが来ることに、年がいもなくワクワクしていました。

しばらくして、またスマホが鳴りました。

「二階にいるわ。鍵は開いてるから、裏口から上がってきてちょうだい」

コツコツと階段を上がる音に、心臓が高鳴りました。

「夜分にすみません。お言葉に甘えて、のこのこ来てしまいました」

デリバリーのユニフォームのまま、福島さんは申し訳なさそうに現れました。

「いいのよ。こっちが誘ったんだから。うふふ、お店のものばかりだけど、出来立てだから勘弁してね。先にそこで手を洗って、うがいをしてきたら？」

私はつい、息子に対するような口調になってしまいました。

休憩室には小さなテーブルと冷蔵庫、休憩用の簡易ベッドなどがありました。

「それじゃあ、いただきます！」

両手を合わせると、福島さんはなかなか旺盛な食欲を見せました。

「ビールもあるわよ？」

冷蔵庫から缶ビールを出すと、福島さんは一瞬動きをとめました。

「……すごくありがたいんですけど、バイクなんですよ」

うっかりしていました。私は免許もないので気にしていなかったのです。

しかし、私は自分でも思いもよらない言葉を口にしていました。

「じゃあ、酔いが覚めるまでここで寝ていけばいいじゃない」

福島さんは目を見開き、もぐもぐしていた口までとめてしまいました。

「え、でも、まずくないですか？」

「まずくなんかないわ。独身でしょ？　それとも、カノジョに怒られちゃう？」

急に福島さんのテンションが下がったのがわかりました。

「……ビール、いただきます」

「どうぞ。私も飲んじゃお！」

プシュッという音が鳴り、何か深みに一歩踏み込んだような不安を覚えました。

「店長さんも独身なんですよね？」

「なんで知ってるの？」

「こないだここにデリバリーの商品を受け取りにきたとき、大学生のバイトの女の子にこっそり訊きました」

「どうしてそんなこと訊いたのよ？」

当然の疑問を口にすると、私を見つめる福島さんの目はもう座っていました。

「店長さんのことが好きで、気になってたからって言ったら怒りますか？」

これには失笑しました。私はもう五十二歳なのです。

「冗談言っちゃいけないわ。こんなオバサンつかまえて」

「冗談なんかじゃありません。店長さんの旦那さんが二年前に亡くなったって聞いたとき、申し訳ないですけど、ちょっとだけ喜んだんです。これで店長さんとつきあえる可能性ができたって」

「つきあうって、あなた……」

「今日、店長さんに、元気がないって言われましたよね？　じつは昨日、カノジョと別れたんです」

「あら、そうだったの？」

「もう自然消滅っぽい空気だったんだけど、ぼくがとどめを刺したんです。ほかに気になる女の人がいるって」

「それが……もしかして、私？」

自分を指差しながら、私はあきれかえってしばらく絶句していました。

「今日、店長さんの番号を教えてもらったとき、どんなにうれしかったか。あのあとデリバリーの仕事をしながら、ニヤニヤが止まりませんでしたよ」

「変わった子ね。私なんかのどこがいいの？」

福島さんはお酒で赤くなった顔で、ほとんど私を睨《にら》みつけていました。

「……美人だし、声がかわいいし、スタイルもぼく好みなんです。店長さんの小さな仕草も、全部好きです」

直球すぎるほめ言葉に、恥ずかしいやらバツが悪いやらで、お酒がなくても顔が赤くなるほどでした。

「やめてよ。二人しかいないのに、変なこと言わないでちょうだい」

なんとか苦笑らしいものを浮かべて言いましたが、福島さんは笑いませんでした。

「だから夢みたいなんです！　店長さんと夜に二人きりでお酒を飲んでるなんて。一人暮らしの部屋じゃなくて、カノジョのアパートでもなくて、目の前に店長さんがいるなんて」

私は本気で怖くなりました。好意はありましたが、さすがにそこまでは考えていません。福島さんが言うように、たしかに深夜に独身の男女がいっしょにお酒を飲んでいる状況です。息子のような年齢なので甘く考えていたのです。軽率なまねをしたと思いました。

「あの、店長さん、お名前を訊いてもいいですか？」

ふと緊張がゆるみ、笑みがこぼれました。

「あきれた。名前も知らない女のことを好きとか言ってたの？　日高千恵《ひだかちえ》よ」

「千恵さんって呼んでもいいですか？」

今度は小さく腹筋が揺れるほど笑ってしまいました。

「図々しいこと。いいわ。でもお店の子がいるところで呼んじゃダメよ」

そう言いながら、私は口の前で人差し指を立てました。あとから考えると、これも不用意な仕草でした。福島さんと秘密を共有していることを意味するからです。

「千恵さん、ぼく、千恵さんが好きです。この地域の担当、ぼく以外にもいるんですけど、千恵さんがこの店にいるから、ほとんどぼくが独占してるんです」

福島さんはゆっくりと立ち上がりました。

私も同時に立ち上がりました。なんとなく逃げる体勢をとるためでした。

「……この一カ月、カノジョと夜を過ごすときも、ずっと千恵さんのことを考えてました」

「あらら、プレイボーイだこと。私の名前も知らなかったのに……」

ゆっくりと福島さんが歩み寄ってきて、私はあとずさりしました。

「カノジョと別れた次の日に、千恵さんに呼ばれたんです。偶然じゃないですよね」

「福島さん、ちょっと落ち着きましょう……」

「落ち着けませんよ。一生のうちに何度もないかもしれないチャンスなんです。逃げないでください！」

「福島さん、ダメっ……」

私におおい被さるように、福島さんが抱きついてきました。そのとき、福島さんってこんなに大きいんだと妙に感心してしまいました。いつも腰が低く愛想がいいので、実際よりも小さく感じていたのだと思います。痩せ型ですが福島さんの身長は、百八十センチ近くあったのです。

「ああ、千恵さん、千恵さんっ……！」

感極まったような余裕のない声を出し、福島さんは私の背中に回した手を忙しく動かしていました。

「福島さん、力をゆるめて。息ができないわ……」

冷静に言ったつもりでしたが、自分の声が驚くほど湿っぽいことに気づきました。

私はユニフォームであるエプロンをはずしただけの格好で、薄いブラウスと動きやすいスカート姿でした。

福島さんの手が下がり、私のお尻をなでてきました。もう一方の手で、ブラウスの上から胸をもんできました。

「ああん、ダメ……こんなことをしては、いけないわ……」

非難しているつもりなのに、自分の耳には弱々しい肯定の言葉にしか聞こえませんでした。福島さんは片手でお尻を全部包み込むかのように、指をいっぱいに広げて強くもんできました。そしてブラウスとブラジャーの上からも、遠慮のない力でワシワシと乳房をもんでくるのです。

「千恵さんのおっぱいとお尻、すごく大きくてやわらかい……思ってたとおりだ」

「なにを思ってたのよぉ……」

「千恵さんの裸、ずっと想像してました。別れたカノジョ、最近すごくセックスがいいかげんだったんです。きっとアイツも、ほかの男のことを考えてたんだ。何度か口をすべらせてたから……」

五十二年間の人生で、他人の夜の事情を考えたことはありませんでした。

「千恵さん、上を向いてください」

私がつい上を向き目が合った瞬間、福島さんは顔を寄せてきて、唇を重ねてきたのです。

それは自分優先で、情緒のないキスでした。彼が自分で言うように、まったく落ち着けていないのが、重ねた唇の触感からも伝わってきました。

若い男の子を諭《さと》し、破廉恥《はれんち》な行為をやめさせなければならないのに、福島さんの気持ちに気圧されたのか、私も次第に体が熱くなっていくのを感じていました。

「旦那さんが亡くなって……おつきあいされている彼氏とかいるんですか？」

「いないわ……」

「よかった。じゃあぼくだけのものになってくれますか？」

「そんなこと……ああんっ！」

福島さんの手がスカートのすそから入り、ストッキングとパンティの上から強くもんできて、思わず高い声が洩れてしまいました。

「ダメよ、いけないわ、こんなこと……」

そう言いながら、私は福島さんの胸に顔を埋《うず》め、背中に手を回して強く抱き締めていました。怖れを表したつもりでしたが、よく考えれば矛盾もいいところでした。

お尻を強くもまれながら思ったのは、福島さんの手のひらが、亡くなった旦那よりもずっと大きいということでした。そもそも旦那は淡白なほうで、こんなに乱暴につかまれたことなどなかったのです。

スカートにもぐり込ませた手のひらが、前に回ってきました。

「ああんっ、ダメッ！」

大きな手のひらをお椀のように丸め、パンティとストッキングの上から性器に強く押しつけてきたのです。大きな非難の声を出した私は、そのまま力が抜けてしまい、膝から崩れそうになりました。

「おっと」

へなへなと床に崩れる前に、福島さんの大きな腕で抱きとめられました。

「えっ？　ちょっと……！」

なんと福島さんはそのまま両手で私を抱きかかえ、持ち上げたのです。

「こんなことされたの、初めて……」

胸の底が熱く疼いてしまいました。古い例えでしょうが、きゅんとしたというのでしょうか。お酒の力ではなく、ほんとうに顔が熱く上気するのを感じました。恥ずかしくて、福島さんの顔をまともに見られないほどでした。

「さあ、お姫さま。お城の舞踏会に戻りましょう」

そう言われて、さすがに失笑が洩れました。

「うふふ、お城に帰ったら、私も十八歳の姿に戻れるのね？」

「残念でした。ぼくは五十二歳のままの、オールドプリンセスが好きなんです」

ずいぶんな言いように、またも笑いが洩れました。

目が合うと、福島さんは笑みを消し、怖いぐらいまじめな顔になりました。

「千恵さんと、セックスしたいです」

こんな直球で言われても、女はイエスともノートとも答えにくいものです。

「とんでもない子を、部屋に入れちゃったのね……」

独り言のようにつぶやきました。肯定を遠回しに言ったのが伝わったようでした。

福島さんはそのまま歩き、ベッドに近づきました。

休憩用の簡易ベッドに、ゆっくりと寝かされました。休憩中のバイト君たちが仮眠をとれるようにと用意したものですが、自分が横になるのは初めてでした。

「ここで寝ると、天井がこんなふうに見えるのね。初めて知ったわ」

もう私にも、心の準備ができていました。独身の男性を夜に呼ぶなど、不用意なまねをしたものだとは思いましたが、後悔はありませんでした。

「どうしたの？　服を脱がさないの？」

むしろ挑発するように、どこか呆然《ぼうぜん》と立っている福島さんに微笑みました。

「ああ、すみません……ちょっとボーッとしちゃって」

福島さんは屈み込み、私のブラウスのボタンをはずしていきました。私は顔を逸《そ》らし、ゆっくりと服を脱がされていく羞恥に耐えていました。

「夢みたいだ。店長さんの……千恵さんの服を脱がしてるなんて。過去のぼくに教えてやりたいですよ」

自分と同じように、福島さん自身も予想外の事態に驚いていると知り、ちょっと余裕が生まれてきました。

ブラウスを脱がされ、赤いブラジャーが露出しました。福島さんは次にスカートのホックをはずすと、ゆっくりとおろしました。私もそっとお尻を上げて協力しました。

腰に手をかけられてストッキングもおろされました。

「イジワルね。わざとゆっくりやってるでしょ？」

「そんなつもりはないんだけど……いきなり千恵さんの裸が目に入ったら、衝撃が大きすぎると思って……」

赤い顔にバツの悪そうな笑みを浮かべ、福島さんは言いました。

「赤いブラジャーとパンティ……お揃いなんですね」

そう言う福島さんの声は、ちょっと滑稽《こっけい》なぐらい震えていました。ほんとうに緊張していたのでしょう。

こんなことになるなら、もっとセクシーな下着を着けておくんだったと思いました。

五年前に開業したときにも思いましたが、人生、大ピンチも大チャンスもいきなりやってくるものだと痛感しました。

「あら、福島さんは脱がないの？」

羞恥心を隠し、からかうように言いました。福島さんはおろおろした表情のまま、ロボットのようにぎこちなく服を脱ぎました。

「すごい……立派なオチ○チンしてるじゃない」

オチ○チンなどと口にしたのは、いつ以来だったでしょう。主人とのマンネリセックスでは、ほとんど会話すらありませんでした。

ペニスは太いものの軸は水平になっていて、まだ完全に勃起していませんでした。

「千恵さんっ……！」

思いつめた声で、福島さんは私におおい被さってきました。そうしてブラジャーをずらし、私の乳房にむしゃぶりついてきたのです。

「ああっ……ああんっ！　福島さんっ……こんなことになるなんて」

遠慮のない体重のかけ方に、私は次第に燃え上がっていきました。主人が亡くなる数年前から、夜の営みはなかったのです。なつかしい体の感覚に、全身の血が熱くなり、体中の細胞が反乱を起こしたような昂《たかぶ》りを覚えました。

ところが、福島さんが申し訳なさそうに、意外なことを言ったのです。

「……すみません、ちょっと元気がないみたいで……なんでだろ？」

大きくなっているものの、挿入に耐えられる硬さにはなっていなかったのです。

「どうしてかな。カノジョとやるときは、すぐにカチカチになるのに……」

私は彼を責めずに、フォローしました。

「うふふ、ゆっくりやりましょうよ。明日休みなんでしょ？　うちの最初のパートさんが来るのが朝九時。まだ十時間もあるわよ……」

私はゆっくりと福島さんをベッドに寝かせました。軽くキスをして、福島さんのペニスをつかみ、少しずつ上下にこすりました。

「んんんっ……千恵さんっ」

たしかにペニスはやわらかく、いわゆる男性のカウパー液も不十分でした。

私は自分の股間に手をやり、にじみ出ていた恥ずかしいおツユを塗りつけて、福島さんのペニスを優しくしごきました。

「あれ、チ○ポ、ぬるぬるになってる？」

「私のを塗りつけたの。恥ずかしいわ……」

「ああ、千恵さんがそんなエッチなこと……」

福島さんは水を求める金魚のように口を開け、キスをしてきました。

舌を絡ませながら、私はペニスを握る手に力を込めました。

すると、私の手の中で、おもしろいようにペニスは硬くなっていったのです。

「ほら、カチカチになった。よかった。オバサンじゃ勃《た》たないのかと心配したわ」

「そんなこと……」

「私に任せて……」

しぶしぶセックスに同意したのに、気がつくと私の主導になっていました。

私は両脚を広げて福島さんに跨《また》がりました。主人と最後の性交をしてから四年ほど経っていましたが、体はいろいろと覚えていました。

「んんっ……わかる？　福島さんのオチ○チンが、私に入ってきてるわ……」

「あああ、千恵さんのオマ○コ、あったかい……」

体を倒して胸とお腹を重ねると、福島さんは痛いほど抱きついてきました。

福島さんはその体勢で、腰だけを激しく上下してペニスを突き上げてきました。

「あああんっ！　あああっ、福島さんのオチ○チン、元気すぎるっ！」

「千恵さんっ、気持ちいいっ！　も、もう出そうです……！」

福島さんは高い声で言うと、信じられないぐらい早く射精しました。

早漏なのかと思いましたが、その夜、なんと福島さんは四度も私の中に精を放ったのです。

それから一週間が経ちました。いまではお店の事務所ではなく、近隣の私の家に何回も福島さんは泊まっています。

「そろそろうちに引っ越してくる？」などと軽口を叩いてしまい、事実婚のようになっていますが、息子や娘が急に遊びにきたとき、どうしようかとドキドキしています。

酒に酔いつぶれた僕を家に送り届けた五十路熟女に超濃厚ベロチューで淫らに介抱されて

倉島達仁　フリーター・二十七歳

私は地方から出てきて音楽関係の仕事をしているのですが、それだけでは食えずにファミリーレストランでバイトをしています。

仕事は、五十一歳の瀬川《せがわ》さんという女性主任に一から教わりました。

とても優しくて温かくて、東京のお母さんという印象を抱いていたのですが、愛嬌があり、ときどき女を感じさせるふるまいにドキリとすることもありました。

昨年の忘年会のこと。場所は最寄りの小さなイタリアンレストランで催《もよお》され、かなり深酒をしてしまったんです。そのとき、私のとなりに座ったのが瀬川さんでした。

彼女は中学生の娘さんがいて、教育費にお金がかかるそうで、仕事を続けていくつもりだと言っていました。

お開きになったあと、私は気分が悪くなり、トイレで吐いてしまいました。

音楽関係の仕事がうまくいかず、ストレスもかなり溜まっていたのだと思います。

瀬川さんがトイレまでやってきて介抱してくれて、近所だからということで、申し訳ないことにアパートまで送ってもらいました。

「大丈夫？」

「だ、だめです……」

「男の子でしょ、しっかりしなさい。ほら、自分で鍵開けて」

「は、はい」

「それじゃ、私はこれで帰るわね」

「え、帰っちゃうんですか？」

「あたりまえでしょ。これでも人妻なんだから、男の人の部屋になんて入れないわよ」

いまにして思えば、彼女に甘えたいという気持ちがあったのかもしれません。

「帰らないでください！」

私はそう叫び、そのまま抱きついてしまったんです。

「ちょっ……まだ酔っぱらってるの？」

「酔ってなんかいません。ただ、瀬川さんともう少しいっしょにいたいんです」

瀬川さんは身をこわばらせていましたが、やがて小さな溜め息をつきました。

「いいわ……でも、すぐに帰るからね」

「は、はい」

「鍵、貸して。手が震えてて、それじゃ開けられないわ」

彼女に促されて鍵を渡し、私たちは部屋に入りました。

「み、水……」

「はいはい」

キッチンにたたずんだまま苦しげに胸を押さえると、瀬川さんは冷蔵庫から取り出した氷をグラスに入れ、水を注いでくれました。

その間、私は彼女のグラマラスなお尻をじっと見つめていたんです。

まるまるとしたふくらみに生唾を飲みこみ、全身の血が騒ぎはじめました。

この時点で性欲のスイッチが入ってしまい、ジーンズの下のペニスがグングン大きくなっていったんです。

瀬川さんが振り返ると同時に顔を下げたため、よこしまな思いは悟られなかったのですが、今度はベビーフェイスの容貌に性欲を刺激されました。

この日の彼女は化粧をばっちり施し、赤の濃いルージュを引いていました。

酒に酔っていたこともあるのでしょうが、彼女がとてもかわいく見えて、内から迸《ほとばし》る気持ちを抑えられなくなってしまったんです。

「はい、どうぞ」

「す、すみません……」

お冷やを一気飲みし、気を静めようとしたものの、今度はジャケットの合わせ目からのぞくバストが目にとまり、ぷるんと揺れた瞬間に私の理性が吹き飛びました。

私はグラスをキッチンシンクに置くと、あろうことか彼女を抱き寄せて唇を奪ってしまったんです。

「あ、ン……ふっ……だ、だめよ！」

「瀬川さん、好きです、好きなんです！」

「何を言ってるの……こんなおばさんをつかまえて」

「おばさんなんかじゃありません！」

あのときの私は、完全な獣になっていたのではないかと思います。

瀬川さんは顔をそむけて拒絶したのですが、かまわず唇に吸いつき、背中やヒップをなでさすりました。

「もう、だめだったら……」

「どうしてですか？」

「家に帰らないと……」

「まだ、十時前ですよ。それじゃ、ソフトなキスだけでもいいから……」

「ホントに……キスだけよ」

「はい、もちろんです！」

意気揚々と唇を重ね合わせると、彼女は急におとなしくなり、キスを受け入れてくれました。

「ンっ、ふっ、ンぅ」

ぽってりした唇をむさぼっていると、やがて甘ったるい吐息が鼻から抜け、昂奮度はさらに上昇し、股間の逸物がビンビンに反り返りました。

私は瀬川さんの下腹に勃起を押しつけ、弾力感のあるヒップをギュッギュッともみしだいたんです。

「うっ！　うン、ふぷぅ」

彼女は妖しいうめき声をあげたあと、頬をすぼめて私の舌を猛烈な勢いで吸い立てました。舌が引っこ抜かれそうなキスに目を白黒させたのも束の間、今度は口を大きく開け、顔を斜めにして私の口内に唾液を送りこんできたんです。

豊満な肉体は火を吹くほど熱く、彼女の頬はいつの間にかピンク色に染まっていました。

　さすがは経験豊富な人妻だと思った直後、下腹部に甘美な電流が走りました。瀬川さんが自ら下腹をグイグイ押しつけてきて、ペニスがとろけそうな感触に酔いしれたんです。この時点で私の情欲は、雨が降ろうが槍が降ろうが止まらないところまで来ていました。

　長いキスが途切れても頭はポーッとしたままで、彼女の目もとろんとしていました。

「お、俺の部屋に行きましょう！」

「気分……悪いんでしょ？」

「もっと介抱してくれれば、よくなると思います」

「もう……」

　熟女は目を潤《うる》ませ、おいたをした子どもをたしなめるような表情で答えました。

　逸《はや》る気持ちを抑えつつ、私はその場でジャンパーを脱ぎ捨て、瀬川さんを強引に奥の部屋に引っぱりこみました。そして照明をつけ、彼女のジャケットを脱がせて再び唇を奪ったんです。

　キスだけでも脳みそが爆発するほど昂《たかぶ》り、先走りの汁が溢れているのか、下着の中には早くもヌルッとした感触が広がっていました。

「ン、ンぅ、ンふぅ」

ちゅぷちゅぷと唾液が絡む音が聞こえ、舌が生き物のように動いて口の中を這い回り、股間をまさぐられたときは思わず射精しそうになりました。

私は必死にこらえつつ、スカートをたくし上げ、股ぐらに手をもぐりこませました。

瀬川さんは腰をよじって拒絶したのですが、指先はすぐさまクロッチをとらえ、驚いたことに布地がぐしょ濡れの状態だったんです。

五十路を過ぎた女性でもこんなに濡れるものなのかと、しばしあっけに取られたほどで、すぐにでもセックスしたい心境に駆られました。

ところが彼女はその場でジーンズのホックをはずし、ジッパーを引きおろしはじめたんです。

「ンっ？」

度肝を抜かれて呆然《ぼうぜん》とした直後、彼女は唇を離して、腰を落としながらズボンとトランクスをまくりおろしました。

「あ、ちょっ……」

まさに電光石火の早業で為す術もなく、勃起したペニスが反動をつけて跳ね上がりました。

案の定、先走りの液はダダ洩れの状態で、鈴口とパンツの間で透明な糸を引き、身が裂かれそうなほどの恥ずかしさでした。

あわてて股間を隠そうとしたものの、瀬川さんはひと足先にペニスを握りしめ、シュッシュッとしごき立てました。

「あ、おおぉっ！」

巨大な快感が高波のように打ち寄せ、私は腰を引いて低いうめき声を発しました。

「はぁ、すごいわ。こんなになって……」

ギンギンに反り返ったペニスを、うっとりした表情で見つめる彼女は、なんと色っぽかったことか。

射精願望は瞬時にして頂点に達し、私は奥歯を嚙みしめて耐え忍びました。

それでも手コキのスピードは増していき、尿道から透明な液体が小水のように溢れ出したんです。

「せ、瀬川さん……そ、そんなに激しくしたら、イッちゃいますよ」

「だめよ！　こんなんでイッたら」

彼女は上目づかいに甘くねめつけたあと、ようやく手の動きを止め、裏筋にふっくらした唇を押しつけました。

「あっ……」

ちゅぷちゅぷっとソフトなキスから舌を突き出し、縫い目に向かってべろりと舐め上げたんです。

真冬とはいえ、暖房の利《き》いた店にいたのですから汗はたっぷりかいており、猛烈な羞恥心が襲いかかりました。

「だ、だめです！　汚いです」

泣き声で訴えたものの、瀬川さんは聞く耳を持たず、今度は舌先でカリ首をなぞり上げました。そして口を大きく開け放ち、真上からペニスをがっぽり咥えこんでいったんです。

「お、おふっ……」

彼女はペニスをあっという間に根元まで招き入れ、喉の奥でキュッキュッと締めつけました。そして顔を引き上げると、軽やかなスライドでペニスを貪ってきたのです。

肉胴にたっぷりと唾液をまぶし、いやらしい汁の音が高らかに鳴り響きました。

ピストンのたびに上下の唇がカリ首を強烈にこすり上げてくるのですから、たまりません。しかも瀬川さんは、顔を左右に揺らしてスクリュー状の刺激まで与えてきて、全身の血が逆流するほど昂奮しました。

いまとなっては、さすがは人妻だと感心するばかりですが、もちろんあのときの私にそんな余裕はありませんでした。

「あ、あ、も、もう……」

我慢の限界を訴えると、彼女はペニスを口から抜き取り、うつろな目を向けました。

「だめだったら……」

甘ったるい声でたしなめられ、鼻の穴が目いっぱい開きました。

燃えさかる欲望を抑えられず、私はその場で足元に絡みついたズボンとパンツを脱ぎ捨て、彼女の手をつかんで立たせました。

そのまま自室へと引っぱりこみ、ベッドに押し倒してスカートをまくり上げると、小さな悲鳴が洩れ聞こえました。

「あ、やっ……」

やはり恥ずかしかったのでしょうが、もちろん獣じみた性欲が怯《ひる》むはずもありません。ショーツをヒップのほうから剝きおろした瞬間、か細い声で懇願されました。

「服がしわになっちゃう。自分で脱ぐから。それにこの部屋、寒いわ」

「あ、ご、ごめんなさい……」

あわててエアコンのスイッチを入れる間、瀬川さんは床に立ち、半身の体勢からブラウスのボタンをはずして、スカートのファスナーを引きおろしました。

ペニスは相変わらず勃起を維持したまま、彼女の脱衣シーンを目にしているだけで破裂しそうなほどしなっていました。

私がセーターを頭から剝ぎ取る最中、彼女はスカートを足下に落とし、生白い背中と豊かなヒップが股間をさらにスパークさせました。

やや弛《ゆる》んだウエストが妙になまなましく、男心をこれでもかとあおったんです。

ブラジャーがはずされ、ショーツが太ももの上をするする下りてくると、私の昂奮は最高潮に達しました。

「やっぱり、ちょっと恥ずかしいわね……」

瀬川さんは胸を右手で、股間を左手で隠しながらベッドに歩み寄り、掛け布団の中にもぐりこみました。

私もすぐさまあとに続き、唇をむさぼりつつ、豊かな乳房を心ゆくまでもみしだいたんです。彼女の肌は温かくて弾力感に富んでおり、ふわふわのスポンジケーキのような感触でした。

股ぐらに手を伸ばすと、中心部は火を吹くほど熱くなっており、ヌルッとした花弁の感触が指先に走りました。

「ン、ふぅっ」

「あぁ……すごい濡れてます」

「あなたが、そうさせたんでしょ？」

「見てもいいですか？」

「だめっ！」

「だって、さっきぼくのをさんざん見たじゃないですか」

「私はいいの」

唇をツンととがらせる仕草が愛らしくて、ペニスの芯は疼くばかり。首筋に唇を這わせつつ、私は女肉の狭間をかきくじりました。

くちゅくちゅという淫らな音に続き、どろっとした粘液が溢れ出し、指先があっという間にぬめり返りました。肉厚の陰唇は大きくめくれ、クリトリスと思われる突起もボリュームいっぱいにふくらんでいたんです。

「はぁ……気持ちいいわ」

彼女も負けじとペニスに指を絡めてしごき立て、私は頭の中が真っ白になりました。

手のひらからはみ出す乳房をもみながら、ピンと突き出た乳首を舌で舐め転がすと、瀬川さんは湿った吐息をこぼし、腰をもどかしげにくねらせたんです。

すぐにでも結合したかったのですが、どうしてもあそこを見たかった私は、徐々に体をズリ下げて唇を股のつけ根に近づけました。

「あ、やっ……」

彼女がすかさず腕をつかんでくると、掛け布団の中にもぐりこみ、暗闇の中で恥毛をなで上げてやりました。その時点でムワッとした空気が顔を包み、ペニスがいちだんと反り返りました。

「だめだったら……ン、ふっ」

布団の中ということで、恥ずかしさはそれほどなかったのかもしれません。いやよいやよと言いながら、足にはそれほどの力は込められておらず、私は難なく女の中心部に唇を被せていました。

「あ、ひっ！」

頭上から衣を裂くような悲鳴が聞こえてきた直後、ねっとりした肉びらの感触が舌の上に広がりました。気を昂《たかぶ》らせた私は、さっそく恥裂に沿って舐め上げ、甘ずっぱい匂いと味をたっぷり堪能したんです。

「ン、はぁぁっ」

肉の突起を口に含んで転がすと、むちむちの太ももが小刻みに震え、自制心に大きなヒビが入りました。

私は体を股の間に押しこみ、掛け布団を床にズリ落としたんです。

「あっ……」

瀬川さんは瞳に動揺の色を浮かべたものの、もはや足を閉じることは不可能で、ぐっしょりと濡れた花園をギラギラした目で凝視しました。

恥丘のふくらみは蒸《ふ》かしたてのおまんじゅうを連想させ、厚みを増した陰唇はザクロのように開き、中からジュクジュクした赤い粘膜が、いまにも飛び出さんばかりに盛り上がっていました。

「いや……やめて」

彼女が恥ずかしげに腰を揺すると、私はかぶりつきざまに陰唇とクリトリスを口中に引きこみ、無我夢中でしゃぶり回してやったんです。

「あ、ひ、ひぃぃぃいっ！」

彼女は身をのけぞらせ、豊満なヒップを何度もバウンドさせました。

どれくらいの時間、クンニリングスに没頭していたのかわかりません。

とろとろの愛液が口の中で粘つくころ、今度は恥骨を上下に振り立て、彼女はか細い声で懇願してきたんです。

「あぁ……も、もう来て」

顔を上げると、瀬川さんは顔を首筋まで染め、全身をひくつかせていました。もしかすると、軽いエクスタシーに達していたのかもしれません。

私のほうもこれ以上は耐えられず、身を起こしておおい被さると、唇を吸われる激しいキスにペニスがいななきました。

手探り状態で膣への入り口を見つけ、先端を窪みにあてがった瞬間、ヌルリとした感触が亀頭を包みこみ、危うく射精しそうになりました。

「あ、あ、あ……」

唇をほどいて下半身に力を込め、私は腰をゆっくり突き出したんです。

「くうっ！」

子どもを生んでいるせいか、カリ首はさほどの抵抗もなく膣口をくぐり抜け、奥に向かってズブズブと埋めこまれました。

とにかく柔らかくて温かくて、若い女性とは比較にならないほどのやんわりとした締めつけに、びっくりした覚えがあります。

ねばねばの粘膜がうねるたびに、ペニスがとろけてしまいそうでした。

「あぁ、瀬川さん……気持ちいいです」

「私もよ……」

「動いていいですか？」

「突いて、たくさん突いて……あっ」

彼女の言葉をさえぎり、私は最初から怒濤《どとう》のピストンを繰り出しました。

「ひぃぃぃンっ！」

「ああ、いい、すごい！」

愛液が大量に溢れているのか、ぐっちゅぐっちゅと凄まじい音が洩れ聞こえ、性感はすぐに頂上に向かって駆けのぼりました。

結合してから五分と経たずに、射精願望がリミッターを振り切ってしまったんです。

「ああ、いい、いいわぁ……おチン○ン、大きくて硬い。すぐにイッちゃいそう！」

「はああっ、ぼくもイキそうです……」

「出して、中に出して！」

「いいんですか？」

「いいの！　たくさん出して！」

中出しの許可を受け、私はがむしゃらに腰をスライドさせました。

「ひっ、ぐっ、ン、はぁあぁっ！」

「イクっ、イキますよ！」

「やあぁあっ、イクっ、イッちゃう！」

ヒップがグリンと回転した瞬間、青白い稲妻が脳天を貫き、私は男の証《あかし》を彼女の中にたっぷりと放出してしまったんです。

その後、彼女とは半年ほど関係を続けていたでしょうか。

現実問題として、五十過ぎのおばさんには違いありませんし、急に気持ちが覚めてしまい、本業のほうが忙しくなったことを理由にバイトも辞めてしまいました。そのあと、彼女とは一度も会っていません。

第二章

豊熟の肉体から溢れ出るメスの淫汁

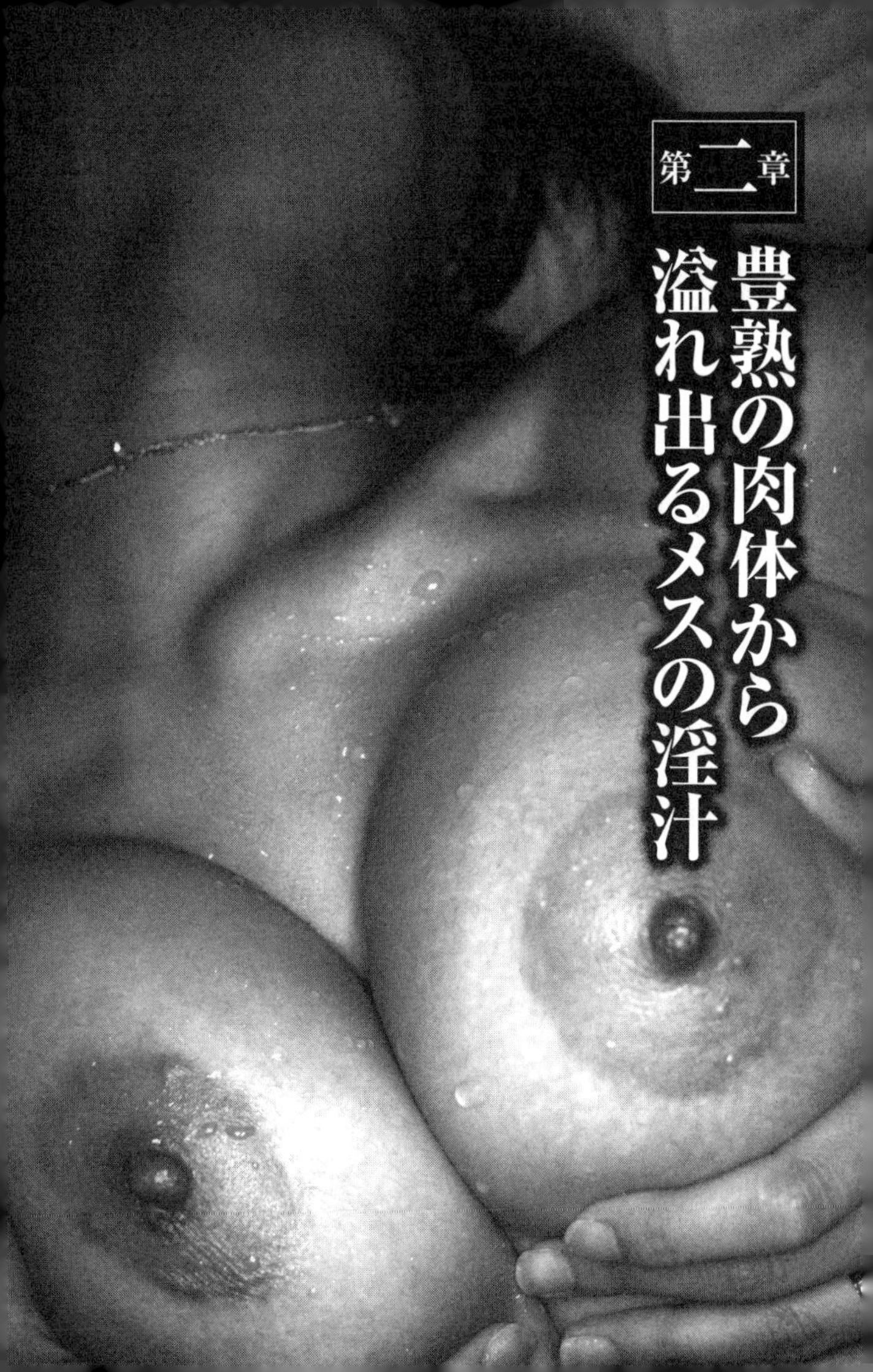

十五年ぶりの同窓会で再会した美熟女教師の想いつづけた爆乳を動物のように嬲り尽くし

江藤晃　会社員・三十四歳

結婚六年目、三十四歳、会社員をしています。かわいい子どもにも恵まれて、不倫なんか考えたこともありませんでした。

しかしそんなぼくが先日、大きな過ちを犯してしまったのです。

卒業から十五年ぶりに開かれた、高校の同窓会でのことです。

相手は当時の担任、乃梨子《のりこ》先生です。

実は高校時代から、ぼくは乃梨子先生に恋をしていました。

乃梨子先生はそのころすでに、アラフォーの熟女でした。背の高いキリッとした美人で、長い髪をいつもきちんとまとめているのでよけいに美貌が引き立ちました。すでに結婚していてお子さんもいましたが、おっぱいが大きくて、脚が長くて、ぼくはヒマさえあれば乃梨子先生の裸を妄想して、むだにわいてくる精液を迸《ほとばし》らせていたものです。少年時代のぼくを熟女趣味に目覚めさせたきっかけは、まちがいなく乃梨子先生でした。

あと先考えない少年だったぼくはこらえきれず、卒業式の日、乃梨子先生を誰もいない教室に呼び出して、思いを打ち明けました。

「先生、好きです！」

乃梨子先生はニコリとして、ぼくをぎゅっと抱き締めてくれました。

「私も好きよ、江藤《えとう》くん」

ぼくが生まれて初めて感じた、異性の体温でした。濃厚な髪の香り、それに、ぎゅっと体に押しつけられている乃梨子先生のやわらかな巨乳の圧力。こんな刺激に、十八歳の童貞が耐えられるわけもなく、ぼくの下半身は一瞬で反応してしまいました。ズボンの中で、痛いほど突っ張る我が分身の存在に、乃梨子先生はすぐ気づいたようでした。

ハッとしたようにぼくから体を離すと、ほんの一瞬、乃梨子先生はちらっとぼくの股間に目をやりました。

それからなんともいえない表情で大きく首を振ったのです。

「ダメよ、江藤くん。気持ちはうれしい。ほんとよ。でも、それ以上はダメ。先生と生徒として、ここでお別れしましょう」

それだけ告げると、乃梨子先生は教室から出ていってしまったのでした。

ぼくにとってはなかなかキツい失恋でした。それだけでなく、猛烈な赤っ恥の記憶でもありました。その一件はその後何年も、夜中に不意に思い出しては恥ずかしさに叫びたくなるような黒歴史になっていました。

いままで何度かあった同窓会の誘いを、仕事が忙しいという嘘で断りつづけていたのも、乃梨子先生に会うのがただただ気まずいというのが理由だったのです。

そんなぼくの気持ちが変わったのは、親友のこんな言葉でした。

「たまには顔出せよ。乃梨子先生、お前に会いたがってるぜ」

「そうそう、乃梨子先生、近いうちに離婚するらしいぜ」

もちろん、いまさら先生とどうこうしようと思ったわけではありません。ぼくにも大事な家庭がありますし、先生だってあれから十五歳も年を取っているわけです。ただ、青春時代の大恥を精算できるかもしれない。そんな思いで、ぼくは同窓会に出かけました。

十五年ぶりに会う乃梨子先生は、いまだにびっくりするほどきれいでした。

もちろん当時からちょっとだけ体重は増えたようですが、それもむしろグラマーな肉体がいっそう迫力と色気をアップさせている感じでした。

たちまちぼくの脳裏に、あのときの甘ずっぱい思い出がよみがえりました。やっぱりいまも、乃梨子先生が好きだ。それに、この体を抱きたい。そう思いました。

うれしいことに、乃梨子先生はぼくの顔を見た瞬間に、誰だかわかったようでした。

「あら、江藤くんじゃない！　やっと来てくれたのね」

ご無沙汰してますと照れくささを抑えて挨拶するぼくの肩に、乃梨子先生は親しげにそっと手を置いてくれました。

「男っぽくなったわね。ほんと、会えてうれしいわ……」

同窓会の間、旧友たちとあれこれおしゃべりしながら、ぼくは何度か乃梨子先生とも言葉を交わしました。

最初は気のせいかと思いましたが、まちがいなく乃梨子先生は、ほかの教え子に対するのとは違うサインをぼくに送っていました。大勢の人がいる場所ですからそれほど露骨ではありませんが、それでもぼくは確信しました。

会も終わりに近づいたころ、ぼくはトイレから出てきた乃梨子先生に、そっとささやきました。

「よかったら、これからもう少し飲みませんか？　二人きりで……」

乃梨子先生は、ぼくにだけ聞こえる声でささやき返しました。

「いいわよ……○○ホテルに泊まってるから来て。みんなに気づかれないようにね」

一時間後、ホテルの部屋に入ったぼくたちは、どちらからともなく体を寄せ、唇をむさぼり合っていました。

ああ、十五年前、夢にまで見た担任の先生を、ほんとうに抱いている。

少し酒臭い舌を絡め合い、唾液をすすり合いながら、ぼくは淫らな感動に震えていました。

「ううん……江藤くん、キス、じょうずね。先生、興奮しちゃう」

喘ぎの中から、乃梨子先生は甘い声で言ってくれます。

「ぼく、あの日からずっと、こうしたかったんです、先生！」

「先生だって、させてあげたかった……先生も好きだったのよ、江藤くんのこと。でも、あのときはお互いのためにそうしたの。わかるでしょ？」

ぼくは乃梨子先生をベッドに押し倒し、上品なスーツを荒々しく脱がせていきます。

黒とパープルの艶《なまめ》かしいブラに包まれた、Gカップの爆乳が目の前に現れました。

「でもいまは、いいんですよね、先生？」

「うん。江藤くんの好きにして。気がすむまで先生のこと、犯していいのよ」

ぼくがブラをむしり取ると、ワイン色の乳首をのせた真っ白な乳肉が溢れ出ました。

このおっぱいを少年時代、どれほど妄想したことか。

ぼくは狂ったように、その乳房をわしづかみにして、乳頭を口に含みました。

「あふぅん、そ、そんなにあせっちゃ……ああ、気持ちいい。先生のおっぱい、おいしい？　江藤くんたら、激しいのね……」

むっちりした体をいやらしくくねらせて、乃梨子先生は快感に喘ぎます。

ぼくはその白い肌をねぶり回しつつ、ゆっくりとスカートとタイツも脱がせていきました。最後に残ったのは、ブラとセットカラーになったパンティだけです。

ぼくが顔を近づけると、先生の股間はすでにもわっと湯気がたちそうなほど熱くほてり、恥ずかしいシミが大きく浮き出していました。

「先生、ここ、すごく濡れてますよ。うれしいな、こんな感じてくれて」

意地悪するように、ぼくがその部分を指でなぞってあげると、乃梨子先生ははしたなく身をのけぞらせて、いやらしい声をあげるのです。

「んああんっ、だ、だって、先生も、エッチするの久しぶりだから……しかも、教え子とだなんて……は、恥ずかしいから、そんなに見ちゃダメよお」

「いやですよ。今日は好きにしていいんでしょ？　先生の体……隅から隅まで……」

ぼくは慣れた手つきで、先生のパンティを引きおろしました。

黒々と濃く茂った陰毛のすき間に、熟女らしい赤黒く熟れた陰唇が、ヨダレにまみれてぺろりと口を開いていました。

これが、ずっとあこがれていた先生の、おま○こなんだ！

気がつくとぼくは、乃梨子先生の女肉にむしゃぶりついていました。

ねっとりと蜜が絡みつく柔らかな肉ビラ、さわりもしていないのに包皮からムクッと顔を出している真珠のようなクリ豆。若い女のそれと較べると、舌ざわりも、味わいも熟しきって濃厚そのものです。

なによりも驚くのはその感度でした。ぼくの舌が少しそこに触れただけで、乃梨子先生は「おおんっ、はああっ！」と獣じみた声を張りあげて、腰をガクガクさせて感じてくれるのです。セックスの感度は若者に負けないどころか、むしろもっと敏感になっているみたいでした。

「あっ、うっ、そっ、そこばっかり、ペロペロされたら……先生、先生イッちゃう！」

激しい声をあげて、乃梨子先生はますます大きく股を広げ、アソコをいやらしくぼくの口に押しつけてきます。ぼくもさらに熱を入れて、舌でクリトリスを中心にねぶり責めつづけてやりました。

「あっ、くぅぅっ！　イッ……クゥゥゥッ……！」
乃梨子先生は、食いしばった歯の間から低いうめきを洩らして、ヒクヒクヒクッと
お尻を痙攣させせました。
ワレメの奥から温かい果汁をじゅわっと吹きこぼして、あっけなく達してしまった
ようです。
ヒィヒィと息を乱したまま、乃梨子先生はねっとりとこちらを見つめました。
「やだ、江藤くん、うまいのね。先生恥ずかしいわ……すっかりイカされちゃった」
「そりゃぼくだって、あれから経験積みましたから。でも先生の体、すごくスケベだ
から燃えちゃいましたよ。ほら、ぼくのここも、こんなですよ……」
ぼくは乃梨子先生の手をとって、さっきからビンビンに大きくなっているペニスに
触れさせました。乃梨子先生はますます貪欲な目つきになって、その部分をじーっと
凝視するんです。
「あら、すごい。江藤くんたら、悪い子ね。先生の前でこんなに、おち○ちん大きく
して。それにしても、巨根なのね……こんなに大きいなら、卒業式の日、ガマンなん
かしないで、童貞をいただいちゃえばよかったわ」
乃梨子先生は自分から身を乗り出して、ぼくの勃起へと顔を近づけます。

興奮して引き締まった玉袋のつけ根から、ガマン汁をダラダラさせている亀頭まで、長い舌を使ってぺろんぺろんと舐め回してくれます。

これも少年時代、夢にまで見た快楽です。放課後の教室で、美しい乃梨子先生にしゃぶってもらうことを妄想して、何度ヌイたことでしょうか。

「うう、乃梨子先生が、ぼくのち○ぽフェラしてくれてる……感激ですよ」

「先生も、元気なおっきいおち○ちん大好きよ。いっぱい気持ちよくなってね」

乃梨子先生のフェラは、どんどん熱を帯びていきます。

舌を猛烈にうごめかせて、感じやすい粘膜を刺激したかと思えば、唇でちゅるっちゅるっと、亀頭全体を包んでしゃぶり上げてくれるんです。

あこがれの女教師のオーラルセックス。それはもう想像以上の快感で、しばらく妻ともしていなかったぼくの精巣は、放出を求めてたちまち沸騰寸前になってしまいました。

「あっ、やばい！　先生、ぼく、ああ、出ちゃいます……ううっ」

苦しげに訴えるぼくに、乃梨子先生は淫らな声で言うのです。

「いいのよ、イッて！　先生のお口に思いきりドクドク出して……」

そしてさらに激しく、じゅぽじゅぽとぼくのち○ぽを吸い上げてくれるのです。

もうガマンの限界でした。

「あっ、ああっ、先生っ！」

ぼくはそう叫ぶと、乃梨子先生の口の中に思いきり射精してしまいました。

「んんっ……おううんっ、んふぅーっ！」

荒い鼻息を立てながら、乃梨子先生は唇をすぼめ、最後の一滴が出尽くすまでぼくのモノを咥えたままでした。

乃梨子先生は、ちょっと苦しそうに口内いっぱいの精液をごくんと飲み込むと、満足そうにぼくを見つめました。

「ああ、とっても濃かった。それに、いっぱい出た。やっぱり若いのねえ……」

「ごめんなさい。先生のお口が気持ちよすぎて、ガマンできませんでした。でも、まだまだしぼんだりしませんよ」

ぼくは依然として興奮状態を保ったままのナニを、乃梨子先生に見せつけました。

乃梨子先生はあきれ顔でしたが、うれしそうにぼくのち○ぽの先っちょを、指でつんつんします。

「もう、ドスケベおち○ちんねえ。まだこんなにカチカチで、青筋立てて……」

ぼくはゆっくりと、乃梨子先生のむちっとした体にのしかかっていきました。

「そろそろ、先生の中まで入りたいな。先生も、欲しいんじゃないですか？」

乃梨子先生は、かつての教室では見たことのない淫乱な微笑を浮かべたまま、小さくこくんとうなずきました。

「うん……先生も、したくなっちゃた。でも、そんなに優しくしなくてもいいのよ。先生、江藤くんにはちょっと乱暴にされたいな。ほら、なんていうか、無理やり？ヤラれちゃってるみたいな……」

思いがけないリクエストに、ぼくはよけいに奮い立ちました。乃梨子先生は意外にも、どうやらMっ気が強いようです。

もちろんぼくは、すぐさまその要求にこたえて、荒々しく先生の唇を奪いました。

「若いち○ぽが欲しいんだろ？　ほら、さっさと股開けよ、先生！」

「ああっ、いやぁんっ。私、あなたの担任なのよっ。許してぇっ……」

芝居っ気たっぷりに身をよじる乃梨子先生ですが、顔は真っ赤に上気し、口からはヨダレが出ています。

ぼくは乃梨子先生の、むちむちの太ももをぐいっと開かせると、さっきからシーツをびしょびしょにするほど濡れているワレメに、隆起したモノを押しつけました。

「ほら、このデカいのぶちこんでやるから、たっぷり味わえよ。乃梨子先生！」

「いやっ、おち○ちん入れちゃいや……ああぁっ、いやあ、入ってきちゃうっ！」

ぼくとしても、いよいよ長年憧れた担任教師との行為です。感動にも似た思いで、いきり立っているナニを、容赦なく乃梨子先生の花園へと押し込んでいきます。

すでにたっぷりと濡れている乃梨子先生の陰部は、まるで自分からペニスを呑み込もうとするみたいに、ぼくのモノを簡単に受け入れてしまいます。

「やっ……すご……大きいわ、江藤くん……ああ、どんどん奥まで……だめよ、そんなに根元まで突っ込んじゃ……あひいっ、助けてぇ！」

「乃梨子先生のおま○こ、こんなに熱くじゅくじゅくになって、めっちゃ締めつけてきますよ。気持ちいいなあ、先生のナマま○こ……」

悶絶《もんぜつ》するかつての担任教師を見おろしながら、ぬっちょりとち○ぽを包み込んでくれる、乃梨子先生の膣の愛撫にうっとりしていました。

「ほら、動きますよ」

ぼくは緩やかなリズムから、腰の前後動をスタートさせます。

引き抜くたびに、亀頭に未練たらしく絡みついてくるヒダの動きがなんとも心地よく、思わず声を洩らしてしまいます。

それにも増して、乃梨子先生は感じまくっていました。

「おっ、おおっ、だっ、だめっ。動かさないでぇっ！　先生のおま〇こ、ほじっちゃだめぇっ。あーっ、江藤くん、許してっ！　おち〇ぽで苛《いじ》めないでぇっ！」

乃梨子先生は美しい顔を左右に振り立て、髪を乱れさせて快感を訴えます。

そのよがりっぷりにますます興奮し、次第にピストンも荒々しくなっていきます。

「乱暴なのがいいんだろ？　もっと悦ばせてやるよ。おらっ、おらっ、教え子のデカチンでガンガン犯されたいんだろ？　こんなふうにさ！」

まるで腰骨を先生の恥骨に叩きつけるみたいに、ぼくは暴力的に腰を振ります。

ち〇ぽは大きなストロークを描いて、猛烈なリズムで先生のワレメをえぐりました。

「あひぃーっ！　やっ、やめっ……そんなにされたら、先生、大事なところ、壊れちゃうっ！　ひいいっ、こ、こんなおち〇ぽ、すごすぎるうっ！」

乃梨子先生は大きくのけぞり、全身をのたうたせました。リズムに合わせて二つの爆乳がたわわに弾んで、見ているだけでさらに苛めてやりたい欲求が刺激されます。

それに、突けば突くほど乃梨子先生のそこはきゅっと締まり、よりきつくなっていくのです。先生の想像以上の乱れっぷりとあいまって、猛烈に射精欲が昂《たかぶ》ります。

「あ……あぎぃーっ、イッ、イッ、イックぅーっ！　またイクぅーっ！　いやいやっ、はぐぅーっ、止めてっ！　一回止め……あっ、ぐううっ！　イクッ！　イクゥッ！」

乃梨子先生の背中がぐんっと弓なりになり、むっちりした太ももが、ぼくの腰を思いきり締め上げました。

乃梨子先生はそのまま硬直し、わなわなと小刻みに痙攣しつづけました。

アソコの肉もぼくのモノを絞るように収縮して、そのあまりの気持ちよさに、射精をこらえるのがたいへんでした。

「ああ……すごい……こんなの久しぶりよぉ……おま○こ熱い……」

ぐったりした乃梨子先生は、うつろな目でそんなうわ言をつぶやいていました。

もちろん、ぼくはまだまだ果てていません。ギン勃ちのままのペニスで、ツンツンと乃梨子先生の子宮口を突ついてあげます。

「なに勝手にイッてんだよ。かわいい生徒を、ちゃんとイカせてあげないとダメだろ」

「ご、ごめんなさい……だって江藤くんが、あんまり激しいから。ああ、ちょっと待って、ちょっとだけ休ませて。先生、息が上がっちゃって……あああんっ！」

もちろんぼくは、聞く耳など持ちません。くたっと力の抜けてしまった先生の体を力任せに抱えると、強引に四つん這いにさせます。

「ほら、次はバックからしてやるよ、先生！」

「ああ、私、教師なのに……こんな屈辱的な格好で、生徒に犯されちゃうなんてダメよ……あっ、ひぃぃぃっ！」

　問答無用に、ぼくはもう一度、破裂しそうに勃起したソレを乃梨子先生の局部へと突き入れてやりました。乃梨子先生ときたら、体はもう弛緩《しかん》しきっているのに、アソコの肉はまるで別の生き物みたいに、ち○ぽに吸いついてきます。

　気持ちよくて気持ちよくて、ぼくはもう夢中で高速ピストンを繰り出していました。出し入れに合わせて、大きくて真っ白な乃梨子先生のお尻が踊るように揺れて、なんとも刺激的な景色です。

「あッ、ひッ、やめっ、え、江藤く……先生、イッたばっかりだからっ。そ、そんなに、ガンガンされたら、お、おま○こ、感じすぎて、おかしくなっちゃうっ！　おっ、おっ、おっ、だめ、強すぎ……ああっ、イグイグイグぅーっ！」

　喘ぎすぎてすっかり声も枯れてしまった乃梨子先生は、いやらしくお尻を振り立てて快感に悶《もだ》え狂っています。

　ずっとこらえてきたぼくの放出欲求も、そろそろ限界でした。金玉袋の中でたぎっている精液が、行き場を求めて噴き上がってきます。

「あーっ、もう出るよ、先生っ！　十五年分の思いの詰まった精液、先生の中に全部出すからなっ！」

「うんっ、ちょうだいっ！　江藤くんの全部、先生にちょうだいっ！」

ぼくは最後の数回、ひときわ激しく乃梨子先生の膣の中に、ぐっと根元までち◯ぽを押し込みました。そして耐えに耐えてきた思いのたけを、あこがれだった担任教師の子宮に、これでもかと注ぎ込んだのでした。正直、妻とのセックスでも感じたことのない、ものすごい絶頂感でした。

「んおっ！　んはあっ！　あ、あっ、中で江藤くんの、ピュッピュしてるぅっ！　あ、あ、江藤くんのおち◯ちん、最高よぉ……」

四つん這いになった乃梨子先生もまた、ビクッ、ビクッと何度もお尻をふるわせて、イッてしまったようでした。

次の日、ぼくと先生は何事もなかったように別れ、それぞれの家庭に戻りました。

確かにセックスは極上でしたが、お互いの生活を壊してまでこの不倫を続ける気は、どちらもありませんでした。

「来年、またしましょうね」

乃梨子先生は、そう言って去っていきました。ぼくもまた、来年の同窓会がいまから楽しみで仕方ありません。

私の恥ずかしいシミ付きパンティを盗んだ甥童貞勃起ペニスをヌルヌルま○こでお説教!

内山あずさ　主婦・五十二歳

私は五十二歳になる専業主婦です。二十数年前に結婚した私と夫は、子どもが生まれることを想定して一軒家を購入したのですが、結局子宝に恵まれることはありませんでした。そのため、夫婦二人では一軒家は広すぎて持てあましていたんです。

ある日、そのことを知っていた夫の弟が、ある頼み事をしてきました。

「息子の雅也《まさや》を下宿させてもらえないかな?」

なんでも、雅也君は春から東京の大学に通うことになったのですが、家事もなにもできなくて生活が乱れそうで、一人暮らしをさせるのは不安だというのです。

ずいぶん過保護だなと思いましたが、部屋は余っていたので、よろこんで下宿させてあげることにしました。もちろん、少額でしたが下宿代はいただくことにして、それをローンの返済と、老後のための貯金に充《あ》てることにしたんです。

「伯父《おじ》さん、伯母《おば》さん、これからよろしくお願いします」

荷物を積んだトラックで我が家に到着した雅也君は、礼儀正しく挨拶をしました。

甥っ子といっても、過去に数えるほどしか会ったことがなかったので、正直言って少し不安だったのですが、すごく爽やかな好青年に育っていてほっとしました。

そして、いざいっしょに暮らしはじめてみると、やはり若い男性が家にいるというのはなかなかいいものなんです。食事を作ると、「おいしい、おいしい」といっぱい食べてくれるし、大学のサッカーサークルに入っている彼は洗濯物も多くて、私は家事をすることに張り合いが出るのでした。

もともと夫は毎日深夜に帰宅する仕事人間なので、ほとんど雅也君と二人暮らしのようなものでした。雅也君と食事をしたり、テレビを観たり、むだ話をしたりするのはとても楽しくて、いつしか私は彼に恋心に似た感情を抱きはじめていたんです。

もちろん、十代の男の子が五十代の女に興味を持ってくれるわけがないと思い、私はそんな感情を表に出さないように気をつけていました。だけどある日、雅也君が大学に行っている間に部屋を掃除してあげていると、布団の下から私のパンティが出てきたんです。

その数日前にベランダに干しておいたパンティがなくなっていて、風で飛ばされたのかなと思っていたのですが、どうやら雅也君が盗んでいたようなのです。しかも、カピカピになっているんです。試しに匂いを嗅いでみたら、それは紛《まぎ》れもなく精液でした。でも、もちろん雅也君を問い詰めるなんてことができるわけがなく、私はパンティを元に戻し、その夜も素知らぬ顔で二人で夕飯を食べたのでした。

そのことがあって以来、私は完全に雅也君を男として意識するようになってしまったんです。注意して観察してみると、雅也君はときどき私の胸や太ももをチラチラ見ているんです。確かに私は肉感的な体つきだったので、精力が有り余っている若い男にとっては、性欲を刺激される存在だったのでしょう。

それにパンティがなくなることも、一回だけではありませんでした。しかも、洗濯する前のパンティがなくなっていたこともあったんです。洗ってあればまだマシですが、汚れたパンティをオナニーのオカズにされていると思うと、恥ずかしくてたまらないんです。

このままだと雅也君の行為はどんどんエスカレートしていきそうで、一度はっきりと注意しないといけないなと思っていたのですが、なかなか決心がつきませんでした。

そんなある日、夫が泊まりがけの出張で留守の夜、いつものように二階の雅也君の部屋から怪しげな震動が伝わってきたんです。これは絶対に私のパンティでオナニーをしているんだわと思った私は、静かに二階へと向かいました。

そして、そっと部屋のドアを開けて中を覗いたんです。すると予想どおり、雅也君はベッドの上で、オチ○チンに私のパンティを被せてしごいていました。

「なにしてるの、雅也君！　それ、私のパンティでしょ！」

勢いよくドアを開けて声を荒らげると、雅也君はあわててベッドの上に正座しました。

「ごめんなさい！　洗濯機に入っている伯母さんの下着を見たらムラムラして、つい我慢できなくて……」

両手で股間を隠しながら雅也君はうなだれています。私は雅也君の将来が心配になってしまいました。いまはまだ私のパンティで我慢していますが、このままだとそのうち本物の下着泥棒になってしまうんじゃないかと思ったんです。

「雅也君は、女の人の下着に興味でもあるの？」

「違うんです！　ぼくが興味があるのは、下着じゃなくて伯母さんなんです！」

「え……どういうこと？」

「ぼく……伯母さんのことが好きなんです！」

雅也君は、そうはっきり言いました。その言葉に、私は胸がときめきました。気がつくと、雅也君の視線はチラチラと私の胸元に向けられているんです。

その視線の先を見てみると、私はパジャマ姿だったのですが、ボタンが一つはずれていて胸の谷間が露《あらわ》になっていました。しかも、あとは寝るだけだったので、ノーブラで乳首が浮き出てしまっていました。

叱られながらも、私の胸元を見て雅也君は興奮していたようなんです。

そのことに気づくと、私は股間がムズムズしてきました。もともと私は雅也君に好意を持っていたんです。それはもちろん男としてです。だけど年齢差のこともあって、そんな思いを無理やり抑え込んでいたのでした。その雅也君が自分に欲情してくれていると思うと、なんとも愛おしくなってきました。

「下着泥棒みたいな、変態っぽいことは絶対にダメよ!」

「ごめんなさい……もう二度としません」

「いい子ね。だけど若いから、ムラムラするのは仕方ないと思うの。そういうのは発散させたほうがいいわね」

「でもぼく……そんな相手なんかいないし……」

うなだれている雅也君を見て、私はますます興奮してくるんです。もう理性など完全に吹き飛んでしまいました。そして、とんでもないことを口にしてしまったんです。

「しょうがないわね……それなら、私が相手をしてあげるわ」

「え……伯母さん、いまなんて？」

「だから、私が雅也君の性欲を満たしてあげるって言ったの。だって雅也君は、私のかわいい甥っ子なんですもの」

自分でも、雅也君がどういう反応をするか不安でした。ひょっとしたら、拒否されるかもしれないという心配もあったからです。だけど、雅也君が返事をする前に、股間を隠した手の下からパンパンにふくらんだ亀頭が顔をのぞかせているのを見て、私はほっと胸を撫でおろしました。

「伯母さん、ほんとうにいいんですか？」

うれしそうに目を輝かせる雅也君に、私は言いました。

「さあ、まずはお口で気持ちよくしてあげるわ。そこに立っててちょうだい」

「こ……こうですか？」

雅也君は素直に、ベッドの上に立ち上がってくれました。だけど、恥ずかしそうに股間を手で隠したままなんです。

「それじゃあ、気持ちよくしてあげられないわ。手をどけてちょうだい」

私が言うと、雅也君はしぶしぶ手をどけました。すると、オチ○チンが大きなバナナのように反り返っているんです。

「す……すごいわ……」

私は思わずそんな声を洩らしてしまいました。先端がヘソの下あたりに食い込んでしまいそうなほどです。さすがに若いだけのことはあります。それに雅也君のオチ○チンは、夫のものよりも一回りほど大きくて太いんです。

こんな大きなオチ○チンをあそこに出し入れされたら、いったいどんなに気持ちいいかと思うと、もういきなり子宮がキュンキュン疼いてしまうのでした。同時に、口の中に唾液が大量に溢れてきて、それを飲み込むとゴクンと喉が鳴ってしまいました。

幸い雅也君に、その音は聞こえなかったようです。咳払《せきばら》いをしてから、私はベッドの上に膝立ちになって、オチ○チンに手を伸ばしました。

「ううっ……」

私の手が触れると、雅也君は低くうめき、オチ○チンがビクンと震えました。

「はぁぁあん、ダメよ、じっとしてなきゃ。つかめないいじゃないの」

「すみません。でも、伯母さんの手が気持ちよくて……」

「なに言ってるの。気持ちよくなるのはこれからよ……」

私は今度はしっかりと、オチ○チンをつかみました。それはすっごく熱くなっていて、ドクンドクンと脈拍が感じられるんです。そして私は、オチ○チンをつかんだ手をゆっくりと上下に動かしはじめました。

「うっううう……あううぅ……」

雅也君は低い声を洩らしながら身悶《みもだ》えするんです。その様子がかわいくて、私は徐々に手の動きを速くしていきました。すると亀頭の先端に、透明な液体が滲み出てきました。

「あら、なにか出てきたわ」

かわいい甥っ子のオチ○チンから出てくる液体は、やっぱりすごく愛おしいんです。

私は顔を近づけていき、迷わずぺろりと舐めてあげました。

「はっう……伯母さん、そ……それすごく気持ちいいです」

「じゃあ、もっとしてあげるわ」

私はオチ○チンを手前に引き倒し、亀頭をペロペロと舐め回しました。

「ああ、いい……すごく気持ちいい……ううう……」

それはほんとうに気持ちよくて、もっと舐めてほしいのでしょう。雅也君は両手を体の後ろに回し、私が舐めやすいように股間を突き出しているんです。だから私は、もっともっと気持ちよくしてあげたくて、亀頭をパクッと口に含んでしまいました。

「あっ……うぐぐ……伯母さん……うう……すごい……」

雅也君は感動したように声をあげ、硬くなったオチ○チンが口の中でビクンビクンと脈動するんです。その反応に、私はますます興奮していきました。

雅也君のオチ○チンはほんとうに立派なので、口の中を完全に塞《ふさ》がれてしまい、苦しくてたまらないのですが、その苦しさがまた快感なんです。

私は口の中の粘膜でねっとりと締めつけながら、首を前後に動かしはじめました。

「ううっ……伯母さん……すごい……すごく気持ちいいです、ううう……」

雅也君の鼻息が徐々に荒くなり、口の中でオチ○チンがますます大きく硬くなっていくんです。まだ若い雅也君はそれほど経験がないのか、もう射精のときが近いのが私にはわかりました。

「あっ、ダメです、伯母さん、そんなにされたらぼく……ううっ……」

でも、私はやめません。それどころか、さらに激しくしゃぶりつづけました。

「ああっ……出ちゃう……ううっ……伯母さん、出ちゃいます……ううう！」

雅也君が低くうめいた直後、口の中でオチ○チンがぶわっと膨張したように感じました。そして次の瞬間、ビクンと激しく脈動し、私の口の中に生臭い精液が勢いよく迸《ほとばし》ったんです。

「うっぐぐ……」

私はむせ返りそうになりながら、じっと耐えました。そして、ようやく射精が収まると、私の口の中には雅也君の精液が大量に溜まっていました。

「伯母さん、ごめんなさい……ぼく、我慢できなくて……」

口の中に出したことで、私が怒り出すんじゃないかと思っているようです。だけど、私は精液がこぼれないように気をつけてオチ◯チンを口から出すと、ゴクンと喉を鳴らして全部飲み込んであげました。

「えっ……!?」

雅也君は信じられないといった顔をしていました。だけど、自分の精液を飲んでもらうのは男としてはうれしいことらしく、大量に射精してやわらかくなりかけていたオチ◯チンがムクムクと頭をもたげていき、すぐにまたまっすぐ天井を向いてそそり立ったのでした。

「飲んじゃった……なんだか、体が熱くなってきちゃったわ」

私がそう言うと、雅也君がいきなり襲いかかってきました。

「伯母さん……今度はぼくが、気持ちよくしてあげます!」

「あぁぁん……」

私はベッドの上に押し倒され、そしてパジャマを乱暴に剝ぎ取られました。

「ああ……伯母さんのオッパイ、すごくきれいです」

そう言うと雅也君は両手で乳房をもみしだき、乳首に食らいついてきました。そして赤ん坊のように、チューチュー吸うんです。

「あああぁぁん、そ……それ、変な感じだわ、あああん……」

私は下から雅也君の頭を両腕で抱えるようにして、乳首責めを受けつづけました。

そして雅也君の舌は、みぞおちからおヘソと、下のほうへ移動していきました。

「こんなもの、脱がしちゃいますね」

そう言うと雅也君は、私のパジャマのズボンを無造作に剝ぎ取りました。そして、私の股間を包み込んだパンティを見つめながら、しみじみと言うんです。

「伯母さんのパンティ……さっきまではすっごく魅力的だったけど、いまはそんなに興味がなくなりました」

「そう、よかったわ。これで下着泥棒にはならないですみそうね」

「はい。そのかわり、その中身が見たくてたまらないんです。脱がしますよ……」

雅也君はパンティに手をかけ、私が返事をする前にパンティを引っぱりおろしました。もちろん、私がそれを拒否するわけはありません。それどころか、自分からお尻を浮かせて協力してあげました。

「伯母さんのオマ○コ、よく見せてください!」

脱がしたパンティをベッドの横に放り投げると、雅也君は私の両膝の裏に手を添えてグイッと押しつけてきました。

「ああん、いや。恥ずかしい……」

私は両手で顔を隠しました。でも、明るい照明の下で陰部は丸見えです。

「ああ、すごい! ぼく、オマ○コを生で見るの、初めてなんです」

「えっ? それじゃあ……」

思わず私は手をどけて、股間に茂った陰毛越しに雅也君と見つめ合いました。

「そうなんです……ぼく、そういう機会が全然なくて……」

どうやら雅也君は、童貞らしいんです。それを知ると、雅也君を愛おしく思う気持ちがさらに強まりました。

「いいのよ……じゃあ、もっといっぱい見て」

「じゃあ、伯母さん、自分で膝を抱えててもらえますか?」

「うん。これでいい?」

私は両手で両膝を抱え込みました。そして、その真正面に雅也君の顔があるんです。

「ああ、すっごくエロいです！」

雅也君はベッドに腹這いになり、私の陰部に顔を近づけてきました。

「ああ、愛液でヌルヌルになってて、新鮮な貝みたいですね……」

雅也君の吐息が濡れた粘膜をくすぐるんです。その刺激が気持ちよくて恥ずかしくて、ひとりでに膣口が動いていたようです。それを見た雅也君が冷やかすんです。

「うわっ！　伯母さんのオマ〇コ、ヒクヒクしてますよ」

「あぁん、いやっ、恥ずかしいわ……見るのはそれぐらいにして。私を気持ちよくしてくれるんでしょ？」

「そうでしたね。どうすればいいですか？」

童貞だとはいっても、もう大学生です。知識はあるはずなのに、そうやってたずねるのは、私に恥ずかしいことを言わせたいからだとわかりました。だけど、言わないとしてくれなさそうなんです。私はもう一刻も早く舐めてほしかったので、恥も外聞もなく、おねだりしてしまいました。

「く……クリを……クリトリスを舐めて！」

そう口にしたとたん、体中がカーッと熱くなりました。

「クリトリスはここですよね？　もうパンパンになってるから、すぐにわかりましたよ。じゃあ、舐めますね」

そう宣言してから、雅也君はぺろりとクリトリスを舐めました。

「あっはあああん……」

私は両膝を抱える手に、思いきり力を込めてしまいました。くるぞくるぞと思っていたぶん、よけいに気持ちいいんです。

「もっとぉ……もっと舐めてぇ……」

私はさらにおねだりしていました。すると素直な雅人君は、私の願いどおり、クリトリスをペロペロ舐めつづけるんです。しかも、円を描くように舐めたり、舌を高速で動かしてチロチロ舐めたり、さっき乳首にしたのと同じようにチューチュー吸ったり、さらには前歯で軽く甘噛みしたり……。

「あっはあああん……雅也君、ほんとうに童貞なの？　上手《うま》すぎるわ！」

「そう？　うれしいなあ。ぼく、この日のためにAVを観まくったり、官能小説を読みまくったりしてたんです。その成果が出てるとしたら、それもむだじゃなかったんですね……こういうのもAVで観たんですけど、試してみていいですか？」

そう言うと、雅也君はまたクリトリスを口に含んで、舌先でくすぐるように舐めながら、膣の中に指を入れてきました。そして、曲げた指先で膣の入り口の上のほうをこすりはじめたんです。その瞬間、クリトリスが二個あって、その二つを同時に刺激されているような、強烈な快感に襲われてしまいました。

「あっ、ダメよ、雅也君……あああん！　そ、それ……気持ちよすぎちゃう！」

そう叫んだ直後、私は頭の中が真っ白になりました。あっさりイッちゃったんです。甥っ子にクリトリスを舐められて、イッちゃうなんて……。

そう思うと、恥ずかしさで全身が熱くなってしまいました。だけど、雅也君はかなり興奮しているようで、鼻息を荒くしながらたずねるんです。

「ぼくのクンニ、気持ちよかったですか？」

「すごくじょうずだったわ。だけど、今度は奥のほうがムズムズしてきちゃった」

そうです。もう雅也君のオチ○チンが欲しくてたまらないんです。実は私は、夫とはずっとセックスレスだったんです。雅也君がオマ○コにオチ○チンを挿入したいと思っているのと同じかそれ以上に、私もオチ○チンで膣奥をかき回してほしいと思っていました。

「じゃあ、今度はこれで気持ちよくしてあげますね」

雅也君のオチ○チンは大量に射精したばかりなのに、さっきよりもさらに力強くそそり立っているんです。

「あぁぁぁん……それで奥のほうを、いっぱいかき回してぇ……」

私はまた両膝を抱えるようにして、すっかりグチュグチュになっている陰部を突き出しました。

「伯母さん、ほんとうに入れていいんですね？　ぼく、童貞を卒業できるんですね？」

「そうよ。私のオマ○コで、童貞から卒業して。さあ、早くぅ……」

催促するように、私の膣口がヒクヒク動くのがわかりました。その光景は童貞にはいやらしすぎるはずです。雅也君はもう私を焦らすこともできずに、オチ○チンを右手でつかんでおおい被さってきました。そして、パンパンになった先端をぬかるみに押しつけると、亀頭が半分ほど埋まるのがわかりました。

「ううう……伯母さんのここ……温かくて気持ちいい……」

「あぁぁぁ、もっと奥まで……あああん、奥まで入れてぇ……」

「入れるよ……あぅうう……すごく狭い……あああぁ、気持ちいい……」

すでに十分すぎるほどヌルヌルになっていた私のあそこは、雅也君の大きなオチ○チンを簡単に呑み込んでいきました。そして二人の体が、ピタリと重なり合ったんです。

「ああ、入った……」

雅也君がほっとしたような、感動したような声でぼそっと言いました。

「すごいわ。すっごく奥まで入ってるわ。あああぁん……雅也君はもう童貞じゃないのよ。さあ、動かして。奥のほうをいっぱいかき回して、私を気持ちよくして……」

「これでいいですか？　あああ……気持ちいい……気持ちよすぎます……」

雅也君はゆっくりとオチ○チンを引き抜いて、完全に抜けきる手前で今度はまた奥まで挿入してくるということを繰り返しました。そして、その動きが徐々に激しくなっていくんです。こすれ合う二人の粘膜がグチュグチュ鳴り、オチ○チンでかき出された愛液が、お尻のあたりまでヌルヌルにしていくんです。

「あああん、すごい！　あああっ、気持ちいい……はあああん！」

「伯母さん……ううう……気持ちいいです！　あああ、セックスってこんなに気持ちいいんですね。ああ、腰の動きが止まらないです！　ううっ……」

その言葉どおり、雅也君は抜き差しする動きをセーブすることもできず、力いっぱい子宮口を突き上げつづけるんです。久しぶりのその刺激に、私の中にすぐにエクスタシーの予感が込み上げてきました。

「ああ、ダメ……あああん……もう……もうイッちゃいそう！」

「あっ、すごい締まる、ううっ……ぼ……ぼくもまたイッちゃいそうです！」

雅也君は苦しげに顔をしかめて言うんです。さっきフェラで射精したばかりとはいえ、童貞には私のオマ〇コの締めつけは強烈すぎたようでした。

「いいわ、中に出して！　ああああん、いっしょに……いっしょにイキましょう！」

「いいんですか？　ああ、もうダメだ！　中に……中に出しますよ、ううう！」

中出しというのも、童貞にとっては魅力的なことなのでしょう。雅也君はあっさりと限界を超えて、私の中に熱い精液を大量に迸らせました。そして私は、その熱さを体内で感じながらエクスタシーへとのぼりつめたのでした。

「あああん……い……イクッ！　あっはあああん！」

そして、しばらく二人でつながり合ったまま、ぐったりと体を重ね合わせて、童貞セックスの余韻を楽しんだのでした。

その日以来、夫の帰りが遅い日や出張の日には、雅也君を相手に性のレッスンをしてあげています。おかげで最近、私は友だちから「なんだか若返ったんじゃないの？」と言われているんです。

深夜営業のスーパーで知り合った親切な熟妻　セックスレスで飢えた牝穴に生中出し挿入！

山口篤　会社員・二十八歳

私が勤める会社は社員が少ないということもあり、月末になるとやたらと残業が多くなります。

むろん残業手当はきちんと出ますが、困るのが食事です。うちの近所は二十四時間営業のファミレスは少ないのですが、唯一助かるのは深夜スーパーがあることです。よくそこを利用していると、ある程度店員とも顔見知りになるもので、「今日はお刺身が割引きですよ」などと、お特な情報を教えてくれたりもします。

その店で私より年上の女性店員が、よくそういうことを教えてくれるものですから、すっかり彼女と打ち解けるようになりました。

村西敏子《むらにしとしこ》さんというその彼女は、私よりずっと年上ではありますが、どこかあどけなさを残した女性で、笑顔が明るい美人でした。私は別に年上好きというわけではないのですが、母親といってもおかしくない年齢にしては若々しさを持った女性でした。

「山口《やまぐち》さん、今日も残業ですか？　たいへんですね」

「村西さんもずっと深夜勤務ですか？　ご家族もあるでしょうに」

聞けば彼女は既婚者ではありますが子どもはおらず、夫と二人暮らしだといいます。旦那さんは自営業なので帰りが遅く、こうして深夜スーパー勤めをしているほうが気楽なのだそうです。

夫といってもいまはもうただの同居人という感覚に近く、夫婦生活のほうももうすっかりご無沙汰だということです。

単なる深夜スーパーの店員と客という関係ですが、いつの間にかそんなプライベートも知ってしまうと、なんとなく彼女のことを意識するようになっていました。

こんな私にもいちおう恋人のような相手はいるのですが、そうなると自分の恋人と比べて彼女の抱き心地はどうなのだろうという、エッチな気持ちがつい生まれてしまいます。私の中で村西敏子という存在が、日に日に大きくなっていきました。

その日、いつもより帰りが遅くなり、彼女もたまたま仕事を終えて帰るところでした。

「今日は夫が親戚のところに行って、帰っても一人なんですよね」

「じゃあ……よかったら晩飯でもいっしょにどうですか？　村西さんには、いつもお世話になってるし」

そうして私たちは、数少ない二十四時間営業のファミレスに行ったのですが、もちろん食事だけで終わるつもりはありませんでした。

軽く食事をしたあと、思いきってホテルに行きませんかと誘ってみると、彼女は意外にもあっさりとオーケーしてくれました。

ホテルに入っていっしょにシャワーを浴びると、彼女のほうから抱きついてキスしてきました。こういうところはさすが熟女という感じがして、面倒が少なくて助かります。私もすっかりやる気満々で、イチモツはたちまちビンビンになりました。

「村西さん、スタイルいいんですね。腰なんかくびれてるし、おっぱいだってなかなかのもんだ」

「恥ずかしいです……あまり見ないで」

私に恋人がいるということは、彼女も知っています。だからこそ安心して私に身をまかせることができるのかもしれません。互いに体を洗いっこして、バスタオルを巻いて彼女をベッドに横たえさせました。

そっとバスタオルを脱がせると、まだ少し湿った肌は想像以上に白くてきめ細かいものでした。子どもがいないぶん、所帯疲れしていないからだろうかと胸を高鳴らせながら、白くて丸い乳房をもみ、ピンク色の乳首を口に含みました。

それは口の中でたちまち硬くしこり、彼女は甘い声を洩らします。

「んっ、あぁ……そこ、気持ちいいです」

「胸、敏感なんですね。じゃあ舌でこうするのは？」

「ふあぁっ……」

舌先で突起物を転がしてやると、彼女は私の首にしがみついて身をふるわせます。

左右の乳首を交互に責めながら、腰をなで回します。年齢が年齢だけに尻や太もも周りには多少肉づきはありますが、女の体はこれくらいのボリュームがあったほうがいいのです。

尻肉をむんずとつかんでやると、太ももをひくひくさせて悶《もだ》えます。

その姿があまりにいやらしく見え、私の股間のモノはみるみる大きくなっていきました。彼女はそんなイチモツを見て明らかに瞳を濡らしています。こういう色気は、さすが人妻といったところでしょうか。

「おち〇ちん、すごく大きくなってますよ。それに鉄みたいに硬くて熱い……男の方のってこんなだったんですね……久しぶりに思い出して、なんだかドキドキしてきちゃいました」

「村西さんのここも、ぐっしょりですよ、ほら」

股間に右手を差し込むと、指先がぬるぬると濡れた部分に触れました。痛がっている様子もないので、思いきって中指を差し入れると指がきゅっと締めつけられます。やはり出産経験がないぶん、膣の締めつけもかなりのもののようです。こうなると私はすぐにでも挿入したくなり、彼女の太ももを大きく広げさせました。青白い内腿にアンダーヘアの黒が目立っています。

「お願い、灯りを消して……」

言われたとおり、枕元の小さなランプだけをつけます。蛍光灯の灯りと違いルームランプの黄色に照らされた女体は、さっきよりずっとなまめかしいものでした。

その手を取って硬くなった陰茎を握らせると、彼女は慣れた手つきでそれをしごいてきました。手首のスナップを利《き》かせるその動きに私はうめきました。

「村西さんの手、すっごくいいです」

「敏子でいいです……ああ、私もう感じてきちゃった。この硬くて大きいので、してください！」

私はうなずいて、亀頭を彼女の入り口にあてがいます。少し腰をくねらせるようにすると、彼女のそこはヌルリと私のイチモツを呑みこみました。

入り口のほうは少しゆるい感じでしたが、思いきって腰を沈めると、穴の奥がぎゅうっと私のイチモツを締め上げてきます。なお強引に腰を突き出すと、くちゅくちゅという、いやらしい音が部屋の中に響きました。

「あぁ素敵、もっと、もっと奥まで欲しいっ！」

彼女はもともと濡れやすいたちなのか、肉穴の奥からは熱い蜜液が溢れてきて私のイチモツを濡らします。愛液はしぶきとなって、シーツを濡らしてシミを作っていました。

「旦那さんとも、毎晩こんなことしてるんですか？」

「夫とは……もう何年もしてません。だから久しぶりのセックスで、感じすぎちゃいそう」

それは、まったく意外な返事でした。

彼女の夫は彼女と同じ五十代らしく、もう夫婦生活をするのも肉体的につらいのかもしれません。しかし熟女の肉体は想像以上に淫らで、私は夢中になって腰を振るいつづけました。股間を深くえぐりながら唇を重ねると、彼女のほうから舌を伸ばし、絡めてきます。

思っていた以上に淫らな熟女の姿に、私はもったいないことだと思いました。確かに男も五十代になると性欲も衰えるでしょうが、女というのは年を重ねるほどに妖艶に、そしてスケベになっていくようです。

きっと二十年前の彼女と出会っていても、こんな興奮は味わえなかっただろうと思います。

「んっ、れろ、くちゅっ」

お互いに熱い唾液を交換すると、胸がどきどきしました。自分より二十歳以上も年上の人妻相手にこんな気分になるとは、まったく予想外でした。だがこれはおそらく恋愛感情ではないだろうと自分でもわかっていました。

これは純粋にセックスの悦びに違いないだろう。五十代の女性相手に、私は初めてそういう喜びを知ったのです。

「敏子さんも、好きなだけ気持ちよくなってください。私も、もうさっきからイキそうになってるから……」

「な、中に、中にください……」

彼女の言葉にさすがに驚きました。いくら五十代とはいえ、生挿入しただけでも貴重な体験なのに、生で中出しをおねだりされるとは思っていなかったのです。しかし中で出していいと言われれば、断る理由はありません。

「私、もともと子どもができにくい体質らしいんです。だから遠慮しないで、いっぱいおま○この中に出してほしいの……だって中で出されるほうが、ゴムをつけるよりずっと気持ちよくなれるんだもの」

なんとも男の欲望をそそる言葉に、彼女の中に思いきり欲望を吐き出したいと強く願いました。

「じゃ、じゃあイキます……ほんとうに、中で出しますよ！」

「出して……おま○こに、精液どぴゅどぴゅして！」

こみ上げる射精感を懸命にこらえつつ、腰を振り立てます。彼女は身をのけぞらして甘い声をあげ、髪を振り乱して悶えよがりました。

「あっ、すごい！　どんどん気持ちよくなってきちゃう……硬いので、お腹の中かき回されてるッ！」

彼女の姿は演技だとは思えません。旦那さんと何年もしていないというのですから、ほんとうに久しぶりのセックスと生挿入で、肉体が敏感になっているのでしょう。

「敏子さんの中もすごく具合がいいですよ。私もこんなの初めてかもしれません……」

「うれしいっ、もっと私のおま○こで気持ちよくなって……私も、すぐイッちゃうかも、あぁっ！」

　彼女の中がとろとろになればなるほど、我慢の限界が近づいてきます。

「うあぁ、もうほんとうに限界です……敏子さんの子宮に、ドピュドピュしちゃいますよ！」

「してえっ……子宮を精液でいっぱいにされたいのっ！」

　こみ上げる射精感をこらえながら、私は思いきり腰を突き出し、彼女の深い部分を何度も強く突き上げました。

　とろっと熱い液体がまた溢れてきて、私の股間を熱く濡らしてきます。そうなると、もうそれ以上我慢することなどできません。

「で、出るッ！」

　膣の中で陰茎が大きく膨れ、熱いかたまりが茎を移動するのがわかりました。頭のしびれるような快感とともに、私は彼女の中に、どくどくと大量の精液を流し込んでやりました。

「あっ、熱いっ……」

　彼女の腕が私の背中に回され、膣肉がひくひく痙攣しつづけます。それはまるで吸いついてくるような感覚で、私は彼女の中でなんとも言えない快感にひたりつづけました。

最後の一滴まですべて彼女の中に吐き出してから、ゆっくりと萎《しお》れたそれを抜きました。

彼女も相当な快感にひたっていたのか、手足を投げ出してぐったりしています。それでも股間をティッシュで拭いてやると、ぴくぴくっと身をふるわせる様子があまりにも色っぽいのです。

そんな彼女を見ていると、萎《な》えたイチモツは再び力を取り戻していきました。我ながら、自分の欲望の強さにあきれてしまうほどです。

「すごく、よかったですよ。こんな濃いセックスは久しぶりです」

「私もよ……でもさすがに、若い彼女のほうが具合がいいでしょう？」

口ではそう言いつつ、彼女の笑みは「自分のアソコもまんざらでもないでしょう？」と言っているかのようでした。

彼女との関係は、その一回では終わりませんでした。

おそらく私と彼女は、体の相性がよほどよかったのでしょう。私には年下の恋人がいるのですが、若い女性とのセックスはどこか物足りないというか、ただ本能のままに腰を振り、欲望をぶつけ合うという面が強いように思います。

その点、五十代の女は違います。男の性欲や体の仕組みを熟知しているので、絶妙に私の欲望を煽《あお》ってくるのです。

そうするとつい、二度三度と交わっても、まだやり足りないという気にさせてくれるのです。

また彼女は既婚者のパートタイマーなので、時間が作りやすいという点も、とても都合がよかったのです。私の恋人は会社勤めをしているので、どうしても仕事かデートかということになると、仕事を優先することも多かったのです。

恋人とはデートをしても食事のみで終わり、ホテルに行く時間が取れないということもあります。恋人とはいえ、会って即ホテルに行ってセックスするというわけにはいかないこともありました。

その点、人妻とのデートはたいてい即セックスで、彼女もそれを望んでいるのがいいのです。お互いに欲望だけで繋がっているような関係なので、よけいな時間を使う必要がありません。

彼女自身も自分の性欲に常に忠実で、自分からち○ぽにむしゃぶりついてくる顔は、まさに飢えた牝犬そのものです。私の恋人があまり好きではない口内射精も喜んでさせてくれますし、なにより彼女自身が精液を飲むのが大好きときています。

「女もこの年になると、若い男の精液を飲むだけでアソコが濡れてくるものなのよ」

そう言って、頬をすぼめながら茎に残った精液をすすり上げる人妻に、イチモツは何度でも復活し、再び彼女の中に欲望を吐き出すのです。

もちろん、私の恋人は彼女の存在を知りません。もし知られれば、確実にフラれることでしょう。私は自分の恋人に恋愛感情はありますし、将来的にもずっとつきあっていきたいと思っています。

しかし人妻の彼女にそういう感情はありませんし、いつまでもこういう関係を続けていけるとは思っていません。

「私もいまさら、旦那と別れるつもりはないし……子どもがいたら、また違った関係だったかもしれないけれどね……」

出産経験のない彼女の膣穴は、年齢のわりに締まりもよく、濡れ具合も十分すぎるほどです。基本的にどんな体位でも受け入れてくれるし、フェラチオも大好きです。

ただし、ひとつだけ懸念事項があります。

私は職業柄、何年かに一回のペースで転勤を余儀なくされます。特にまだ独身なので、会社としても転勤させやすいのだと思います。

「そう、残念だわ……」

「まだいつ転勤になるかは、わからないんですけどね。そうなると敏子さんとも、そう簡単には会えなくなってしまいますね……」

私は自分の恋人とは、できれば将来的に、ちゃんとした関係になりたいと思っています。既婚者になれば転勤も少なくなるでしょうから、彼女と同棲をしてゆくゆくは結婚ということまで考えています。

けれど、いまの職場に戻ってくる保証はもちろんありません。

やがては、この淫らな熟女と別れなければならないというのは、内心では覚悟していました。

「私も若い人とこんな関係になったのは初めてだったから、とても楽しかったわ……私とあなたって、体の相性がすごくよかったし、毎回何度もイカされて素敵だった。でも、しょうがないことね……」

ホテルで一ラウンドこなした私は、彼女を抱き寄せ、その髪をそっとなでます。彼女も甘えるように私の胸に頬ずりしてくる様がなんとも愛らしく、ほんとうに五十代には思えないほどでした。

「最近ね、月に一度くらい夫を夜に誘ってるの……」

突然、彼女は意外なことを言いました。

「もう子どもをつくるつもりはないけど、まあいちおう夫婦だから、その愛情確認のためにね。夫も最初は驚いていたけれど、昔よりずっとやさしくしてくれるようになって、家の中の雰囲気もよくなったの」

「それはよかったじゃないですか」

するると、彼女の唇が私の頬に近づいてきました。

「でもセックスに関しては、やっぱりあなたとするのが最高に気持ちいいわ。夫の体力じゃ、どうしてもイッた振りをしてしまうもの」

彼女の指がイチモツに絡み、リズミカルにしごきはじめると、それはまたむくむくと大きくなってきました。

彼女はくすくすと微笑むと、イチモツをしごきながら濃厚なキスをしてきます。私も舌で彼女の唇を割って、ぬるぬるとした舌を絡ませて唾液を交換しました。

「だから、楽しめるうちはまだ楽しみましょう。もちろん夫にも、あなたの彼女にも内緒でね……」

「ああ、そうだね」

私は彼女をあおむけに寝かしつけると、ぐいと大きく股を開かせます。アンダーヘアの奥の割れ目からは、さっきたっぷりと注ぎ込んでやった精液が、とろりと逆流していました。

それを亀頭にまぶしつけると、ずぶりといきなり茎の半分までねじ込みました。彼女は「あんっ」とかわいい喘ぎ声を洩らし、私の首に腕を回してきます。

「さっきあんなに出したばかりなのに……すごく元気よ」

「敏子さんの奥からも、いやらしい汁が溢れてきてますよ。さっきの私の精液と混じって、ぬるぬるでとろとろだ……」

ベッドのスプリングをきしませ、大きなストロークで彼女を深々と貫いてやります。

「あぁ、やっぱりこのち○ぽ好き、大好きよ！　そんなに激しくされたら、またすぐイッちゃいそう！」

「何度だってイカせてあげますよ。今日は上の口にも飲ませてあげましょうか？」

その言葉に彼女は妖艶な笑みを浮かべ、舌舐めずりをしてみせました。そういう仕草が男を興奮させるというのを、彼女は熟知しているのです。

私は彼女の右足を持ち上げて、より深い場所まで突き入れました。彼女は甘い声を洩らし、やや肉づきのいい体を少し反らします。むっちりとした人妻の体が、白い肌をさらしてくねり私を誘ってきました。

まるで淫らな肉そのものの彼女の体を貫いていると、ほんとうに彼女をむさぼっているんだという感じがします。

恋愛感情こそないものの、私は彼女のこの肉を愛しています。それは自分の恋人への感情とも、彼女が抱く夫への愛情ともまったく別のものです。ただ本能の赴《おもむ》くまま、一匹の雄と雌になって、肉体の快楽に身を委《ゆだ》ねる行為なのです。

「ちょっと待って。今日はなんだかいつもよりすごい……あぁ、そんなとこ突かれるの初めてよ！」

「ここですか？　ここもいいでしょう⁉」

私は彼女の肢体を自在に折り曲げ、いつもとは違う場所をいろんな角度で突きまくります。それが新鮮だったのか、彼女は確かにいつもより敏感になっているような気がしました。

「ひっ、ひいいんっ！　それ、横から突かれるの、気持ちいいっ！　最高にいいわ、感じちゃうっ！」

いつまで彼女とこんな関係を続けていられるのか、それは私にもわかりません。

だが、続けられる限りは、こうして彼女の肉をむさぼりくらい、一時の快楽に身をまかせつづけたいと思いました。

「私、ダメ、またイカされちゃう……ひぁあああっ！」

「こっちも、そろそろ出そうですよ……中で、中で思いきり出しますよ！」

髪を振り乱しながらうなずく彼女の膣奥めがけ、私は熱い精のかたまりをどくどくと撃ち放ちました。

「あぁ、好きっ、大好き……！」

それはけっして、男女の「好き」ではなかったと思いますが、その瞬間だけは私も彼女も、まったく後悔はしていませんでした。

その日のセックスを最後に、敏子さんとは二度と会っていません。

第三章 夫以外の男根を呑み込む魔性の女穴

知人の入院がきっかけで知り合った美熟母芳醇グショ濡れマ○コをクンニでイカせ……

沢木和人　会社員・三十三歳

私が経験した、熟女との淫らな体験を聞いてください。

自宅マンションのとなりの部屋に住む桑田《くわた》くんは、二十代前半のフリーターで近所のコンビニに勤めており、二年越しの顔見知りでした。

込み入った話をしたことはないのですが、彼が金沢出身だということだけは聞いていました。

去年の初夏、三連休を控えた金曜日の夜のこと。仕事を終えて帰宅すると、桑田くんが部屋の前でしゃがみこみ、お腹を押さえて苦しんでいたんです。

互いに一人暮らしで頼る人がいないため、私はすぐさま救急車を呼び、病院までつき添ってあげました。

一時間ほどは、院内にいたでしょうか。医師から話を聞いたところ、急性盲腸炎らしく、命に別状はないということで安心して帰宅したんです。その翌日の夕方、彼の母親の芳子《よしこ》さんが上京し、お礼を兼ねて桑田くんの様子を伝えに私を訪ねてきました。すでに手術は終わり経過は良好で、退院は十日後になるとのこと。頭を深々と下げる彼女を、私は瞬《まばた》きもせずに見つめていました。

彼女はとても上品な美しい人で、四十歳ほどに見えたのですが、あとで五十過ぎと聞いてびっくりしました。

実は私は昔から熟女好きで、彼女はストライクゾーンど真ん中の女性だったんです。

「これから、帰るんですか?」

「いえ、あの子の部屋に二泊して、明後日の月曜に帰るつもりです」

よくよく話を聞くと、芳子さんの家は土産物屋をしていて、週末は特に忙しいらしく、父親は来られなかったそうです。

「明日、病院にはいらっしゃるんですか?」

「はい、そのつもりです」

「あの……私もごいっしょしていいですかね?　心配だし、じかに顔を見たいので」

挨拶だけですませたくないと考え、ためらいがちに告げると、彼女はニッコリしながら答えました。

「ありがとうございます。あの子も喜ぶと思います。それに、東京はごちゃごちゃしていて、沢木《さわき》さんがいてくれると助かります」

芳子さんは東京の地理に疎《うと》いうえに方向音痴らしく、マンションに来るのさえ四苦八苦したということでした。

何はともあれ、約束を取りつけた私はワクワクしながら次の日を迎えました。

そして芳子さんとともに桑田くんのもとを訪れる途中、前の晩から考えていたことを提案してみたんです。

「東京は、あまり来たことはないんですか？」

「それが、初めてなんです。本当のことを言いますと、あの子の東京行きを私どもは反対してましして……それで夫は、無理してまで出てこなかったんです」

「そうだったんですか……どうでしょう、見舞いをすませたあと、ちょっと東京の名所を回ってみませんか？」

「え……？」

「浅草寺《せんそうじ》あたりに、行ってみましょうよ」

「浅草寺ですか。土産物屋もたくさんありますよね？　行ってみたいです！」

芳子さんは目を輝かせ、こうして私はデートの約束を取りつけました。

病院に到着すると、桑田くんは元気そうでていねいなお礼をされ、私はひと足先に病室をあとにして、中庭にあるベンチで彼女を待ち受けたんです。

彼女は十五分ほど経ってから姿を現し、その足で浅草寺に向かいました。

下町を散策し、お茶を飲み、二時間ほど楽しい時間を過ごしたでしょうか。すっかり意気投合し、帰宅するころにはくだけた会話もできるまでになっていました。

夕食にも誘ったのですが、三連休ということもあり、浅草寺付近は観光客でごった返していました。人疲れからなのか、芳子さんのほうからマンションで食事をしないかと誘われたんです。

「昨日の夜、たくさん作りすぎちゃったの。よかったら、お部屋で食事しない？」

「いいんですか？」

本音を言えば、私としては願ったりかなったりの展開で、部屋の中で二人きりになれるのですから、甘い期待感に胸は躍《おど》るばかりでした。

「じゃ、用意しておくから。そうね、三十分後ぐらいに来てくれるかしら」

「わかりました。芳子さんはお酒は飲めますか？　知人からもらった白ワインがあるんですけど」

「ワイン？　大好きよ」

「それじゃ、あとで持っていきますね」

午後六時過ぎにマンションに到着し、部屋の前で別れたあとは自室に飛びこみ、思わずガッツポーズで喜びを露《あらわ》にしました。そしてシャワーで念入りに体を清めたあと、洗濯したばかりの服に着替え、ビニール袋にワインとビールを入れておとなりの部屋を訪ねたんです。

芳子さんもノースリーブのワンピースに着替えており、ボディソープの甘い香りが仄《ほの》かにただよってきました。

この日は朝から暑く、彼女も汗を流したくて時間をずらしたのだと思います。

白い布地が清潔感を与える一方、赤いルージュがやけに目立ち、あまりの美しさに心臓がドキドキしました。けっしてお世辞ではなく、映画女優としても通用しそうな美貌に、メロメロになってしまったんです。

桑田くんの部屋に入室したのは初めてのことで、整理整頓されていて床には塵《ちり》ひとつ落ちていませんでした。

とても男やもめの部屋とは思えず、きっと彼女が掃除をしたのだと思います。間取りは同じ1DKで、狭いキッチンがあり廊下の突き当たりの部屋が寝室兼リビングになっていました。

八畳の部屋にベッドは置かれておらず、隅に敷き布団が畳まれていました。彼女がこの布団で寝たのかと思うと、妙な気持ちになったのですが、自制心を働かせ、芳子さんがガラステーブルに料理を並べている間、私は喜び勇んでワインを開けました。

「うわっ、すごい料理ですね！」

「やっぱり、多かったかしら？」

肉じゃがにひじきの煮物、キュウリの浅漬けに厚焼き卵、豆腐サラダなど、おふくろの味を目の前にして腹の虫が鳴きました。

よく冷えたワインで乾杯したあと、芳子さんはよほど喉が渇いていたのか、キューッと一気に飲み干しました。

「あら、おいしいわ」

桜色に染まった頬に片手をあててはにかむ姿が色っぽくて、私はひたすら胸をワクワクさせるばかりでした。

「でも、ちょっとアルコール度数が強いかも。私、弱いほうだから……」

彼女に気づかれぬよう、女座りの色っぽい姿を、上から下まで舐めるような視線で見つめました。

透きとおるように白い肌、すべすべの肩、こんもりした胸のふくらみ、ワンピースのすそからのぞく長い足。ウエストにはよけいな贅肉がついておらず、ほんとうに美しい人だと感心するばかりでした。

「和人《かずと》くん、三十三歳だっけ？」

「そうです」

「結婚は？　彼女はいないの？」

「結婚するような彼女はいないですよ。一年前に別れて、いまはフリーです」

「そうなの……」

「なんかね、わがままというか価値観が合わないというか……若い女の子はもう懲りごりですよ。芳子さんのような人なら、すぐにプロポーズするんですけど」

「まあ……お世辞？」

ちょっとあからさまかなと思ったのですが、まんざらでもなかったらしく、芳子さんはさもうれしそうに白い歯をこぼしました。

彼女とはウマが合うというのか話が弾んで、料理を食しながら一時間ほどは飲んでいたでしょうか。

芳子さんの顔はすっかり上気し、目がうるうるしていました。そして思いがけないチャンスは、いきなり巡ってきたんです。

彼女がトイレから戻ってきた際、足元がふらついたので、私はあわてて立ち上がり、しなやかな体を抱き締めました。

「あ、ごめんなさい……」

「だ、大丈夫ですか？」

柔らかいバストが腕に当たり、なまめいた唇を目にした瞬間、ついに欲望の水流が堰《せき》を切って溢れ出したんです。

「あっ……」

力強く抱き締め、唇を奪うと、一瞬にして全身の血が沸騰しました。

彼女に拒絶されると思ったのですが、芳子さんは私の腕に抱かれたまま、拍子抜けするほどあっさりとキスを受け入れてくれました。

プリッとした唇をむさぼり、舌を差し入れて口腔粘膜を舐め回すと、薄い舌先が重なり、やがてひとつに溶け合いました。

彼女は自ら舌をくねらせ、チュッチュッと啄《ついば》むように吸い立ててきたんです。

あのときの私の喜びは、とても言葉では言い表せません。

なだらかな背中からヒップをなでさすっているだけで血液が海綿体に集中し、ハーフパンツの中のペニスは風船のようにふくらんでいきました。

「ンっ、ンうぅ」

鼻から洩れるくぐもった吐息がまた色っぽくて、男の分身が完全勃起するころ、芳子さんは唇を離しながらつぶやきました。

「どうしよう……昨日、初めて会った人とキスしちゃったわ」

「す、すみません。芳子さんがきれいだから、我慢できなくなって……」

「東京の人って、みんなこんな感じなの？」

「え……？」

「すぐに、誰とでもこういう関係になっちゃうの？」

「いいえ……誰とでもってわけじゃないです」

恥じらう仕草がとにかく初々《ういうい》しくて、胸のときめきは増すばかりでした。

もう一度、唇を重ね合わせると、芳子さんは首に両手を回し、本格的なディープキスで私の舌を搦《から》め捕りました。

ちゅぷ、くちゅ、ぴちゅと唾液の跳ねる音がやたらなまめかしく、股間の中心部はムズムズするばかり。我慢できなくなった私はワンピースのすそをたくし上げ、ショーツ越しのヒップをなで回しました。

やりすぎかなとも思ったのですが、彼女は相変わらず拒絶の姿勢を見せず、私はむっちりしたヒップの感触を心ゆくまで堪能したんです。

ここまで来たら、最後の一線を越えたい。

淫らな妄想が頭の中を駆け巡り、もはや自制することは不可能でした。

直接あそこをさわりたかったのですが、ためらった私はキスをしながら右足を彼女の足の間に割り入れました。

太ももを股のつけ根にあてがうと、なんと芳子さんはヒップをくねらせ、女の中心部を自ら押し当ててきたんです。

ショーツ越しのしっとりと湿った感触は、いまでもはっきり覚えています。

あまりの昂奮に鼻息を荒らげた瞬間、今度は股間のふくらみに快感が走りました。

芳子さんが右手をおろし、男の象徴をやんわりなでさすってきたんです。

「おふっ……」

目をしばたたかせると同時に背筋がゾクゾクして、下手をしたらすぐにでも射精へのスイッチが入ってしまいそうでした。私も意識的に太ももを前後に動かし、敏感な性感ポイントに刺激を与えてやったんです。

「ンっ、ふうぅ……」

甘い果実にも似た息が口の中に吹きこまれ、もはやここで中止にするのは逆に不自然だと思いました。私はワンピースのファスナーをおろし、肩からゆっくりすべり落とそうとしたんです。

「あン……だめ」

芳子さんは唇をほどきざま、私を甘く睨《にら》みつけました。

「欲しい、欲しいんです！」

「こんなおばちゃんでいいの？」

「芳子さんを抱きたいんです！」

本音を正直に伝えると、美熟女は私の股間に視線を向け、唇のすき間で舌先を悩ましげにくねらせたんです。

エロチックな表情に男心をあおられた私は、一匹のケダモノと化しました。

「あン……」

芳子さんの手を引っぱり、畳まれた布団の上に押し倒して、ワンピースを肩から脱がしていったんです。

「だめ、だめよ……」

ここに来て、彼女は初めて拒絶の言葉を発しましたが、体には少しも力が入っていませんでした。私は荒い息を吐きながらワンピースを足から剝ぎ取り、ブラジャーのホックをはずしてショーツを剝きおろしたんです。

生クリームのような肌質に目を丸くする一方、私はおおい被さるように抱きつき、耳元から首筋、そして胸元をベロベロと舐め回しました。

「ああ、いやっ!」

ツンと突き出た乳頭を指先でコリコリあやすと、芳子さんは体をのけぞらせ、きめの細かい肌をひくつかせました。

さすがは人妻だけに反応がいいと思ったのですが、あとで聞いた話によると、旦那さんは還暦を過ぎており、夜の営みのほうはここ数年ご無沙汰だったようです。

白い肌がみるみるピンク色に染まり、肝心の箇所に狙いを定めて舌をすべらせると、すぐさま手で隠されました。

「手をどけてください。これじゃ、舐めてあげられない」

「いやよ……恥ずかしいもの」

「お願いします」

「あぁ……やっ」

懇願しながら顔を股間に埋《うず》め、手を強引に押しのけると、熟女の花びらが眼前に現れました。

もともと色白のせいか、色素沈着がほとんどなく、若い女性に匹敵するほどの艶々《つやつや》した陰唇に私は色めき立ちました。

陰毛も細くて柔らかく、ふっくらした大陰唇と鼠蹊部に浮いた筋がこれまた官能的で、意識せずとも胸が妖しくざわつきました。

私は無我夢中でかぶりつき、舌を跳ね躍らせて女陰をしゃぶり立てていったんです。

「ン、ひっ！」

芳子さんは大股を開いたまま背中を反らし、胸を大きく波打たせました。

包皮を剝き上げ、小さな肉粒をチューチュー吸い立てると、ヒップがくねりだし、割れ目から大量の愛液が滴《したた》り落ちました。

私は甘ずっぱいラブジュースをすすり上げ、肉のとがりに延々と刺激を与えつづけたんです。

「あぁ……だめ……イクっ、イッちゃう！」

「いいですよ、いつイッても！」

ここぞとばかりに、クリトリスを上唇と舌の先で挟み、猛烈な勢いで吸引すると、芳子さんは恥骨を浮かせたまま、慎《つつ》ましやかに昇天しました。

「イクっ……イクっ……イックっ」

ヒップが床に沈んだところで顔を上げて確認すると、彼女は目を閉じてうっとりした表情を浮かべていました。

まちがいなく、エクスタシーに導いたはず。達成感に酔いしれた私は、いよいよ結合に向けて気を昂《たかぶ》らせました。

身を起こし、Tシャツを脱ぎ捨て、ハーフパンツの腰紐をほどいた直後、すべすべした手がスッと伸びて股間のふくらみを握られたんです。

「あっ!?」

目を見開くと、芳子さんはうつろな眼差しを向けていました。

「ずるいわ……あなたばかり」

「あ、あの……」

熟女は唇を舌でなぞり上げると、起き上がると同時に身を屈め、四つん這いの体勢でハーフズボンをトランクスごとまくりおろしたんです。蒸れたペニスがジャックナイフのように飛び出し、前触れの透明な液が翻《ひるがえ》りました。

「あぁ、すごい……カチカチだわ」

「お、おっ、おっ」

芳子さんはキラキラした目でチ〇ポを凝視し、ペニスの先端や横べりにキスの雨を降らせました。そして唇をO状に広げ、ペニスを小さな口の中に招き入れたんです。

「ンっ、ンっ、ンっ」

唾液をまとわせた胴体に唇をすべらせ、彼女は軽やかなスライドで勃起に快感を吹きこんでいきました。

「ああっ！」

天を仰いで下腹に力を込めたものの、とにかく気持ちがよくて、すぐにでも射精への導火線に火がともりそうでした。

「よ、芳子さんのあそこも、舐めたいです……」

掠れた声で訴えると、熟女はペニスを口から抜き取り、私を床に押し倒しました。

あっと思った瞬間には女陰が目の前を塞《ふさ》ぎ、ぱっくり開いた粘膜を、鼻と口に押しつけられたんです。

「む、むふっ……」

シックスナインの体勢から互いの性器を舐め合ったのですが、彼女の突然の積極的なふるまいに、目を白黒させながら愛液をすすり上げました。

激しいオーラルセックスに脳がビリビリ震えるころ、下腹の奥で甘美な鈍痛感が走りました。

芳子さんの顔の打ち振りが速度を増し、柔らかい唇がペニスをもみくちゃにしごき立てていたんです。

「ンっ、ンっ、ンっ！」

「お、お、おぉ！」

このままでは射精してしまうと思ったのですが、彼女も我慢の限界に達していたようです。身を起こすと私の腰を跨《また》がり、自ら硬い逸物を花園の中に埋めこみました。

「あぁン……もう我慢できないわ」

「あ、く、くうっ……」

しっぽり濡れた女肉が亀頭を包みこみ、続いて熱い粘膜の感触が胴体をおおい尽くしました。

「あ、はぁぁっ、すごいわ……」

ペニスが根元まで埋めこまれたあと、熟女は腰を激しくバウンドさせ、極太のペニスが膣の中に出たり入ったりを繰り返しました。

白く濁った愛液が次から次へと溢れ出し、根元で泡状になるほどの凄まじさで、私は腰も使えずに目を見開いていたと思います。こんな上品な美熟女と、背面騎乗位の体勢からエッチすることになろうとは夢にも思っていませんでした。

「ああ、いい、いいっ、いいわぁ！」

「ぐっ、くうっ……」

結合してから五分ともたず、熱い男のかたまりが内から迫り上がりました。

どうせ射精をこらえられないのならと、私は最後の力を振り絞り、下から怒濤《どとう》のピストンで膣肉をえぐっていったんです。

「いっ、ひぃぃっ！」

「ああ、ぼく、もう我慢できませんよ……」

「わ、私もイキそう！　もっと、もっと突いて！」

「うおおぉっ！」

バチンバチンと恥骨がヒップを叩くたびに女肉が収縮し、ペニスをこれでもかと引き絞りました。そしてくびれた腰がグルンとねじれた瞬間、強大な性電流が体を貫いたんです。

「ああっ、イクっ、イキます！」

「私もイクっ！　中に、中に出してぇ！」

ソプラノのような声が室内に響き渡ったところで、私は彼女の中にありったけの精液を注ぎこみました。

あんな気持ちのいいセックスをしたのは、初めてだったのではないかと思います。

そのあとはインターバルをおかずに二回戦に突入し、そのまま部屋に泊まって、翌日の朝にもう一回肌を重ねました。

芳子さんは、その日の午後に実家へ帰っていきました。桑田くんが退院してからは彼の顔をまともに見られなくなって、ちょっと困っている私です。

コインランドリーの変態下着泥棒を捕まえて夜の車中で背徳の生フェラ&騎乗位SEX!

新田啓子　パート主婦・五十歳

私の家の近くにコインランドリーが出来たので、梅雨の時期に初めて利用しました。我が家は夫と娘と息子の四人家族です。雨が続くと、真っ先に困るのが大量の洗濯物です。特に高校生の息子の部活着は頻繁に洗わなくてはいけないので、大型の乾燥機はほんとうに助かります。

最新型のコインランドリーは使い勝手もよく、昔とは違うおしゃれな雰囲気も気に入っていたのです。

ある日、仕上がった洗濯物を取りにいってみると、私の下着がないことに気づきました。どこかにポロッと落としていたら恥ずかしいと思い、懸命に探しましたが見つかりませんでした。地味な色で、Lサイズの大きなショーツです。

もしかして、下着泥棒かもしれないと頭をよぎりましたが、家に戻って夫に言うと、考えすぎだと一蹴されました。

「どこに、そんなおばさんのパンツを盗む物好きがいるんだよ」

夫に言われてカチンときましたが、確かに大学生の娘のおしゃれなショーツはちゃんと洗濯物の中にあったので、考えすぎなのかもしれないと思いました。どうせ盗むなら、ふつうはそっちを盗るだろうと思ったのです。

その数日後、またしても、私のショーツがなくなっていました。

さすがに二度目ともなると、思い過ごしなどではなく、故意に誰かが持ち去っているのだと確信しました。欲しくて盗るのか、単におもしろがっているのかはわかりませんでしたが、いずれにしても泥棒には違いないので、次の機会に駐車場から見張って、この目で確かめてみることにしたのです。

夫に言ったところでバカにされるだけだし、娘に言ったらコインランドリーを使うなと怒られそうなので、誰にも言えずに一人で決行しました。姿の見えない敵に怖さがなかったわけではありませんが、怒りのほうが勝っていました。

それに、少しばかりの好奇心もありました。

あの夜はとても雨が強かったせいか、梅雨時期にしては利用客が少なめでした。いつもどおりの時刻に行き、洗濯物を乾燥機に入れてその場を離れました。

敵に姿を悟られないよう、ランドリーの斜《はす》向かいにあるコンビニ駐車場に車を停めて注意深く運転席から見張りました。いい年をしたおばさんが、一人で勝手に騒いでいると思われるのも心外なので、現場を押さえたらランドリーの管理会社か警察に通報するつもりだったのです。

数組の利用客を見送って、今日はもう来ないのかもしれないと時計を見始めたとき、パーカーのフードを目深にかぶった、いかにも怪しげな男の姿が目に入りました。傘を差しながら自転車でやってきたらしく、服はびしょ濡れになっていました。

見張っている間に、何人かの男性の姿を見ていましたが、パーカーの男はほかと違い、きょろきょろとあたりを見渡したりして明らかに挙動不審でした。

ようやく、犯人らしき人物を見つけると、さすがに緊張が走って心臓がドキドキしました。けれど、せっかく見張っていたのにそんなところで怯《ひる》んではいられません。ほかに人けはなく、時計は夜の九時を回っていました。

さらに注意深く見つめていると、男は順番に乾燥機の扉を開けて、とうとう我が家の洗濯物の入った乾燥機に手をかけたのです。持っていたリュックの中に、取り出したものを押し込んでいるように見えましたが、念のためもう少し近くで確認してみようと思って車からおりました。

雨足が強くなっていたせいで視界がさえぎられ、物音をかき消してくれていました。そのおかげで、相手に気づかれずに入り口にたどり着くことができました。

「ちょっと、何しているの！　いま盗ったものを返しなさい！」

勇気を出して声をかけると、男は驚いたように肩をすくめて振り向きました。煌々《こうこう》と明るい店内で、はっきりとその姿を見た瞬間、違う意味で怯んでしまいそうになりました。その男は若いイケメンだったのです。もっと野蛮そうなぎらついた中年男をイメージしていたので、正直びっくりしました。

ひょろっと痩せていて見るからに気弱そうな彼は、青ざめた顔でリュックを抱きかかえながら立ち去ろうとしました。

「待ちなさい！　防犯カメラに映っているから、逃げたら警察があなたを探すわよ」

もし彼がそこで逃げていたら、ほんとうにそうなっていたことでしょう。

とっさにつかんだ彼の腕は、男である怖さなど微塵《みじん》も感じさせないほど華奢《きゃしゃ》でした。それでも振り払われるかもしれないと思い、こちらも必死で食いついていると、彼は諦めたように「ごめんなさい」とつぶやきました。あっさりと罪を認めたのです。

いまにも泣きだしそうな顔で謝る彼に、拍子抜けしてしまいました。あまりにも素直な態度に、警察に通報するか親御さんへの報告だけにしておくか迷いました。

「あなた、ごめんなさいですむと思っているの？　これは犯罪よ」

「こ、これ、お返しします、すみません、どうしたら許してもらえますか？」

目の前に差し出された彼の手の中には、見覚えのあるショーツが握られていました。返せとすごんでみたものの、いざそうして目の前に突き返されると、恥ずかしいような照れくさいような、妙な気分になりました。

見知らぬ若い男が自分の使い古したショーツを握りしめている光景は、とても卑猥でなまなましい性欲を物語っていました。まるで犯されているみたいな気がして、下半身がムズムズしました。

そのとき、駐車場に車が入ってきたのが見えたので、思わず言ってしまったのです。

「とにかく車に乗りなさい。今後のために、あなたの家を知っておく必要があるわ」

どっちにしても、雨の激しさが増していて、自転車で来た彼は、家に帰れそうにありませんでした。乾燥機の洗濯物をバッグに押し込んで外に出ると、停めてある車まで彼といっしょに走りました。

運転席にすべり込みながら助手席を指さすと、逃げる様子もなく乗り込んできました。傘など役に立たないほどのどしゃ降りで、二人ともずぶ濡れでした。

洗濯を終えたばかりのタオルで濡れてしまったスカートを拭い、私以上にびしょ濡れの彼の服を拭いてやりました。相手が何者であろうと、ついつい世話を焼いてしまうのは、おばさんの習性かもしれません。

住所や名前、年齢などを尋ねると、ちゃんと答えました。名前は修平《しゅうへい》くん、親元で暮らす二十五歳で、現在求職中だと言いました。家はそこから、車で十分くらいの距離でした。

「あの、お願いがあるんです。親には……親にだけは言わないでください」

警察以上に、家族に知られるのを恐れている感じでした。親の脛をかじって無職で暮らしているのなら、無理もないだろうと思いました。それに、いきなりそんな現実を知らされた親のほうだって、ショックは相当なものであると想像がつきました。

ちょうど、思春期を迎えた息子を持つ親としては他人ごとにも思えず、だからこそ少し寛大になってしまったのかもしれません。

「さあ、どうしようかしらね。あなたの家に着くまでに考えておくわ」

神妙な面持ちでうつむいている彼を見ていたら、少しからかってみたくなりました。

「それにしても残念だったわね。この下着、私のものなのよ。まさか、こんなおばさんのだとは思わなかったでしょ?」

するとと彼は、それには強い口調で言い返してきたのです。

「い、いいえ！　そんなことありません。むしろ、イメージどおりの人でした……」

思いがけぬ返答にびっくりして、怒るのも忘れてしまいました。それは、どんな反省の言葉よりも私を喜ばせたのです。

「年上の、ぽっちゃりした女性が好きなんです。でも、想像より美人で驚きました」

苦し紛《まぎ》れの言いわけだったとしても、この年で、若い男からそんなふうに言われたらうれしくなってしまいます。だんだんと彼のことがかわいく見えてきてしまいました。なんだかんだ言っても結局おばさんなんて、若いイケメンに弱いのです。

「まったく……こんな雨の中を、よくも出てきたものね。そんなに欲しかったの？」

コクンとうなずく様子は、まるで母親に叱られる息子のようでした。

頭をタオルで挟んで、くしゅくしゅ拭いてあげていると、子どもたちが小さかったころに、そんなふうにしてあげていたことを思い出しました。

ところが、そんなふうに優しく接してあげているうちに、彼の頬が赤く染まりはじめたのに気づきました。ふと見ると、ズボンの股間部分が盛り上がっていたのです。

まさか、こんな場面で勃起しているなんて！　とあきれてしまいましたが、考えてみれば、彼はよほど切羽詰まった性欲に突き動かされたからこそ、大雨の中を出かけてきたのです。私が甘い顔を見せたことで、そんな反応をしたとしても不思議ではありません。

彼の反応は、けっして不快なものではありませんでした。むしろ楽しくなってきて、そのまま家に帰すのが惜しくなっていたのです。車を走らせながら、どうしたものか考えていました。

しばらく走ると、目的地付近に到着しました。住所と合致する付近には、戸建ての住宅が並んでいました。

「この一角なのね？」と聞くと、「はい」と小声で答えましたが、私はブレーキを踏まずに通り過ぎていました。そのときはどうしようと決めていたわけでもなく、ただもう少し引き延ばして、彼とのやり取りを楽しみたいと思っただけでした。

「私の質問に正直に答えたら、ご両親に内緒にしてあげてもいいわ」

彼は「正直に答えます」とまじめくさった様子で言いました。

「彼女とか、いないの？　二十五歳なら、もう女は知っているわよね？」

彼の容姿なら、相手には困らないように見えました。ところが彼は恥ずかしそうに首を振りました。

「ぼくは気が弱いから彼女なんて無理です。セックスの経験は、まだありません」

彼はなんと、童貞だったのです。息子以外の童貞の男とは、初めて会う気がしました。

何回か行った風俗で、お口のサービスだけは受けたことがあるけれど、それですら緊張しすぎて時間内に終われないのだと言いました。

そんな気弱な彼を唯一、射精まで導いてくれた風俗店の女性がふくよかな熟女だったため、そういう雰囲気の女性に惹かれてしまうのだとも言いました。

「だからって、あんな色気のない下着で興奮するの？　盗んだ下着はどうするの？」

イケメンの下着泥棒が、ほんとうに熟女好きだと知って、ますます興味がわきました。

「その人も、そういう地味なパンツをはいていたんです……」

あくまでも、その女性が基準のようでした。

「ああいうパンツの人は優しいかなって。それに、しゃれた下着は見せるために準備している気がして興奮しません。盗んだパンツは、眺めたり匂いを嗅いだりします」

許してほしい一心からか、嘘をついてもバレやしないのに、聞けばなんでも馬鹿正直に答えました。まじめで不器用な年下男というのは、なんとも言えずかわいいものです。

「やだ、私のも嗅いだの？　でも、洗濯のあとだから匂いなんてないでしょ？」

車という狭い密閉空間で、若い男の赤裸々な告白を聞いていたら、ムラムラしてきてたまらなくなりました。

「新品じゃないほうがいいんです。どんな女性かなって想像するんです……」

具体的な使用方法まで聞いてしまうと、頭の中にいろいろな映像が浮かんできて、股の間が熱くなってしまいました。ワレメから恥ずかしいほどじゅくじゅくの蜜が溢れてきて、だんだんと運転どころではなくなっていました。

でもまさか、下着泥棒に自分から襲いかかるわけにもいきません。そこで、お説教をする振りをして誘惑してみようと思いついたのです。

「今後、修平くんが同じ過ちを繰り返さないように、現実を教えてあげる」

家からそう遠くない場所なので、そこから少し走ったところに公園があるのは知っていました。その公園脇の薄暗い路地に入り車を停めたのです。

「ちょっと、美化しすぎているわよ。実際にはいていると、こんな感じよ……」

そう言って、わざとスカートをまくり下着姿を見せつけました。

そうすることで、もしも彼が興醒めしてしまうなら、それはそれで犯罪抑止にもなるし、誘いに乗ってきたら生身の女のよさを教えてあげよう、なんて考えていました。本物のよさを知れば、下着泥棒なんてつまらないと気づくかもしれない。そんなふうに、なんとかして自分の破廉恥《はれんち》な欲求を正当化する言いわけを探していたのです。

彼は予想どおり誘いに乗ってきてくれました。目を輝かせながら、私の下半身を見つめてきたのです。

「そんなのを見せられたら、もっと興奮しちゃいますよ……」

男がそうであるように、女だっていくつになっても女として認められたいものなのです。下着泥棒なんてされるわけがないとバカにした夫に、彼のセリフを聞かせてやりたいくらいでした。

公園の向かいの建物はシャッターの閉まった工場で、人が往来するような場所ではありませんでした。それを見て安心した私は、スカートをさらに上まで持ち上げて体をひねり、ショーツがお尻に食い込んでいるところまで見せつけたのです。

「どう？　お肉がはみ出して、醜いでしょう……これを見ても興奮する？」

最近はまた太ってしまい、Lサイズでも間に合わなくなって気にしていたのですが、それを好きだと言われたことで、私は有頂天になっていました。

「うわ、うわーっ！　おっきくて、すごくエッチですよ、ああ、まずいっ……」

彼はそう言って、自分の股間を両手で隠しました。勃起していることなどもうとっくにバレているとも知らずに、あわてて隠したのがかわいくて、思わず手を伸ばしていました。

「ほんとうに？　どれどれ、ちょっとさわらせて」

さわってみると、それはとても硬くて完璧に勃起していました。痩せた体の中で、そこだけはずっしりとした重量感があり、初めて彼に対して男の力強さを感じました。

「まぁ、すごい！　この元気すぎるオチ○チンのせいで、悪いことしちゃうのね」

車中で互いに呼吸が荒くなっているのがわかりました。彼は勃起してもこらえようとしていましたが、私はすでに抑えきれないほど興奮していました。

セックスレスになっても気に留める暇もないほど、毎日家事や育児に追われていました。彼と出会わなければ、自分にそれほど強い性欲が残っていたことにさえ気づかないままだったでしょう。

私はいつの間にか、憎むべき下着泥棒に感謝さえしていたのです。渇ききっていた体が再び潤《うる》む喜びを嚙みしめていました。

「本物の匂いを嗅いでみたら？　オチ○チンもおとなしくなるかもしれないわよ」

エンジンを切ってシートベルトをはずし、椅子を後ろにスライドさせて、背もたれを倒しました。

スカートをまくり上げたまま腰を前に突き出すと、盛り上がった恥骨部分が丸見えになりました。

屋外というスリルも、天気が味方してくれたおかげで興奮剤になっていました。車の窓ガラスは二人の熱気と雨のせいで曇り、たたきつける雨粒がカーテンのように目隠しをしてくれて、みごとな密室が出来上がっていたのです。

「さあ、どうぞ……修平くんのイメージとはだいぶ違う匂いだと思うわ」

そう言うと、シートベルトをはずしながら唾をゴクッと飲む音が聞こえました。

彼の頭がすっぽり入るように、片足をダッシュボードに乗せて、できるだけ大きく脚を広げました。助手席側のシートも倒すと、一気に可動範囲が広くなりました。

「ほ、ほんとうにいいんですか？　じゃあ、遠慮なく……」

鼻息を荒げた彼は、助手席側からセンターコンソールの上に身を乗り出して、脚の間に顔をくぐらせてきました。

クンクンと鼻を鳴らしながら顔を寄せてくる様子は、すぐになつく子犬のようでした。そんなかわいい様子とは裏腹に、鼻先で敏感になっているクリトリスを刺激されて、一気に昂《たかぶ》りが増しました。

その日は一日中忙しかったし、おまけに彼のせいでお風呂にも入りそびれていたので、汗の匂いがこもっていたはずでした。

「ああ、磯のような匂いがします……こういう匂いだったんだ。すごく興奮します」

彼はその興奮を隠そうともせず、じかにさわってもいいかと聞いてきました。下着そのものではなく、中身に関心を持ちはじめたようでした。

ショーツの脇から侵入してきた彼の指が、敏感なワレメをなぞるように這い回ってきました。

「パンツ、すごく濡れてますよ……ああ、糸を引いてる！」

激しくヌルついてしまっているのが、自分でもわかりました。彼の指がそのヌルつきをかき混ぜるように、ワレメの奥に入ってきました。

「はう〜ん！　細い指ね……アアッ、もっと束にして突っ込んでちょうだい！」

物足りなさに腰を揺すると、彼は言われたとおりに束にした指をワレメに挿し込んできました。収縮する穴を押し広げられると、より強い快感が走りました。

「う、うう〜ん！　修平くんの指、すごく気持ちいいわ！」

自分でも、感度のよさに驚きました。夫とセックスレスなだけではなく、数年前に生理が上がってタンポンすら使わなくなっていたので、思いのほか刺激に敏感になっていたのです。

「穴の奥までふっくらしていますね……柔らかいお肉が指に吸いついてくる」

指でさえそんなに感じてしまう穴に、もっと太くて硬いモノを入れられたらどうなってしまうのかしらと想像していると、彼が望んでいた言葉を口にしました。

「あ、あの、パンツ、脱がせてもいいですか？　舐めてみたいです！」

下着よりも、その奥に興味を持ったという意思表示でした。うなずいて腰を浮かせると、引きはがすようにショーツを脱がされました。薄暗い中でどれくらいはっきり見えたのかわかりませんが、剝き出しになった陰部を見つめられ、やがてベロンと舐められました。

「はんっ！　アーン、ちょっと待って、すごい、いやぁん、感じるぅ～！」

私がそうであるように、彼もまた車という非常識な場所のせいで、大胆になれたのだと思います。

狭くて窮屈な空間では、否応なく体が密着するので、お互いによけいなことを考えなくてすみました。距離が近すぎるために取りつくろうすき間もなく、欲望だけが凝縮されていました。それに、下手にもったいぶっていると人が来てしまうかもしれないという状況では、迷いも吹っ切れるのです。

助手席から這いつくばるような格好で、なりふり構わずしゃぶりついてきた彼にも、何かが吹っ切れたような潔さがありました。ピチャピチャと音を立てながら、お腹を空かせた子どもみたいに舐めつづけてきました。

ときおり、離れた場所を走る車の音も聞こえてきて、そこが外であることを意識させられましたが、ボンネットやガラスを打つ激しい雨音がさえぎってくれました。単調な雨だれの音だけが耳に入ると、逆に意識が一点に集中しました。熱くなった陰部を這う彼の舌の感触だけが、体中に響いてきたのです。

「アアッ！　ハァ、ハァ、いいっ、イクッ、イクッ、イッちゃう〜っ！」

童貞のクンニで、そんなに簡単にイカされてしまうなんて思ってもみませんでした。体をブルブルふるわせていると、彼も刺激を欲して下半身をクネクネ動かしはじめていました。

「ああ、自分ばっかり、ごめんなさいね……修平くんにもしてあげる。横になって」

助手席に体を横たえた彼の股間に、今度は私が顔を埋《うず》めました。

ファスナーを開き、ズボンとトランクスを引きずりおろすと、待ち焦がれていたようにペニスが飛び出してきました。握り締めると、手の中でビクンと跳ね上がるほど元気でした。

「いやん、すごくエッチ。痩せているくせに、ここは立派なのね」

そんなに元気なペニスをずっと一人で慰《なぐさ》めていたなんて、なんてもったいないことをしていたのでしょう。彼のようなルックスならば、私のようにアソコを濡らして欲しがる年配女性は腐るほどいるだろうと思いました。

わいてきた唾液を絡めながら、勃起したペニスを根元まで呑み込みました。

口の中いっぱいにふくらんでいるペニスが、自分の体に欲情しているのだと思うとうれしくてたまらず、何度も舌先で輪郭をなぞっていました。カリのくびれや浮き上がった血管の感触を味わうだけで、達したばかりのアソコがすぐにまた、ヒクヒクと痙攣しました。

「はぁ、はぁ」と息を荒くした彼も、強い刺激を求めて腰を突き上げてきました。

「アハン！　もう、下着泥棒なんて止めると約束するなら、アソコに入れてあげるわ」

一刻も早く入れてみたくてウズウズしていましたが、童貞のペースに合わせようと、彼が欲しがるのを待っていたのです。

「え、入れさせてくれるんですか？　は、はい、もう二度としません！」

彼の上に跨《また》がるために、助手席側に移動しました。彼の体が細かったおかげで、なんとか狭いスペースに収まりましたが、私の体の下敷きになって、圧迫されているように見えました。

「大丈夫？」と尋ねると、彼はうれしそうにうっとりとした顔をしました。

「もっと乗っかってください。この柔らかいお肉で、圧《お》し潰されたいです」

体を重ねると、自然と乳房が彼の顔をおおってしまいました。愛撫を要求したわけではないのに、そんな体勢になると彼もごく自然に胸をもんできました。

「うわぁ、柔らかい！　おっぱいも、感じますか？」

「もちろんよ。感じないところなんてないわ……アア、ほらもう乳首が立ってる」

ブラウスのボタンをはずされながら、腰の位置をペニスに合わせていきました。ねっとりした蜜がワレメから溢れつづけて、太ももまでびっしょり濡れていました。

陰部をこすりつけると、クリトリスに彼の陰毛がじゃりじゃりと絡みついて刺激を与えてきました。ワレメから溢れた蜜がペニスにまで行き渡り、少し腰を振るだけで、ヌルついた亀頭が突き刺さってきました。

そのままゆっくり、深く腰を沈めました。彼も下から腰を突き上げてきた瞬間、ヌルンと熱い肉のかたまりが、一気に根元まですべり込んできました。

あまりにも気持ちよすぎて、一瞬意識が遠くなったほどでした。

セックスってこんなにいいものだったかしらと、朦朧《もうろう》とする頭を巡らせていました。

「あ、ああ、入った……うわ、中はすごく温かくて気持ちがいい、あーっ！」

彼の手がお尻に巻きついてきて、尻肉に細い指先がめりこんできました。気弱さは影をひそめて、教えたわけでもないのに積極的に腰を動かしていました。

ブラウスがはだけて、弾け出た乳房は意図せずとも彼の顔面をおおいつくしていました。乳首にも同時に刺激を受けて、腰のあたりが激しく疼きました。

「アアーッ、子宮がぁ……溶けちゃう、溶けちゃう！」

相手のことなど何も考えてあげられないほど、全身でペニスを味わっていました。体の下敷きになっていた彼は、苦しそうなうめき声をあげながら「出ちゃう」と訴えてきましたが、自分の快感をむさぼるのに夢中で、かまわずに腰を振っていました。そしていつの間にか、中にべっとり出されていました。出されているのに気づかないほどセックスに夢中になったのは初めてでした。

未知の快感を教えてあげるつもりだったのに、教わっていたのは私のほうでした。彼は教えなくても無垢《むく》な感性で、生身の女を存分に味わっていたようでした。

「こんなぼくでも、女の人を満足させられたんですね……少し自信が持てました」

彼の無邪気さには太刀《たち》打ちできませんでした。こんな素直ないい子を、警察に突き出さなくてよかったと思いました。

「もう石鹸くさい下着なんて、要《い》らなくなったでしょう？　物足りないでしょう？」

そう聞くと、恥ずかしそうにうなずいて、ダッシュボードの下に落ちていた愛液まみれのショーツを拾い上げました。

「もう、あんなバカなまねはしません。そのかわり、これをいただけませんか？」

そう言って、大事そうに手のひらにショーツを包み込んだのです。

気弱なくせに大胆にも下着を盗んだのは、不器用な彼がたどり着いた唯一の解決法だったようです。ずっと一途に初めて射精させてくれた相手を思いつづけて、その人の温もりを求めるように、はき古した下着を探していたのです。

そんな彼は今回、初めてセックスで射精した相手として、私のことを胸に刻んだようでした。

「また、こうして会えますか？　次に会えるまで、このパンツで我慢しています」

使用済みのショーツは、簡単に手に入らないでしょうから、また彼に濡らしてもらって、プレゼントするしかありません。

家に帰ると、夫から「遅かったね」と声をかけられましたが、「混んでいたの」の一言で終わりました。これっぽっちも疑う様子はありません。オバサン扱いしている妻が、若いイケメンと一戦交えてきたなんて、夫に言っても絶対に信じないことでしょう。

いまでも彼との待ち合わせは、毎回コインランドリーです。

妻の妊娠中に家に来た美熟義母から誘惑され溜まりまくった濃厚精子を搾り採られて……

小野寺慎二　会社員・三十歳

私は妻と息子の三人家族で、都内のマンションで暮らしています。

妻は二十八歳、息子は二歳です。これは妻が息子を身ごもったときの話です。

妊娠三カ月ちょっとのことでした。まだ安定期には入っておらず、切迫流産で緊急入院することになったのです。切迫流産は腹痛や出血といった症状があって、適切な治療で正常妊娠に戻る軽いものから、ほんとうに流産して子宝を失ってしまう重いものまであるそうです。幸い妻は症状も軽く、流産する可能性はほとんどないと診断されたのですが、大事をとって一週間ほど入院することにしました。

それを妻の実家に連絡すると、すぐに義母が静岡から飛んできたのです。

そのとき義母は五十四歳だったと思います。妻も「もう大丈夫だから、心配しないで帰って」と言ったのですが、「退院するまで滞在する」と言い張って聞きませんんでした。病院は完全看護なので、家族の宿泊はできません。

義母と私が、二人で自宅マンションに寝泊まりすることになりました。やはり妻の実家のことも気になるので、病院から家に向かう途中で聞いてみました。

「お義父《とう》さんの世話とかは大丈夫なんですか？」

すると義母は妻の症状が軽いと知って安心したのか、楽しそうに言いました。

「いいのよ、うちには長男の家族が同居してるんだから。私より嫁に面倒見てもらうほうがうれしいみたいだし。私は慎二《しんじ》君の世話をしっかりしてあげる」

私は家事がほとんどできないので、実際は食事や洗濯など非常に助かりました。

マンションは1ＬＤＫだったので、夜寝るときは義母に寝室を使ってもらい、私はリビングのソファで寝ることにしました。そんな義理の親子での同居生活も三日目になると、やや慣れてきて少しはリラックスできるようになりました。

実の母娘だからあたりまえなのですが、妻と義母は顔立ちも背格好もよく似ています。三日目の夜、私はビールを飲みながら、夕食を作ってくれている義母の姿を見ているうちにそれを実感しました。ヒップラインなどは義母のほうがむっちりと肉づきがよくて、色っぽいと感じました。そして、妻のことを思い出したんです。

妻はとてもかわいらしい女性で、誰からも好かれる良妻タイプなのですが、私とセックスするときだけは、ふだんとは別人のようにエッチになります。

義母の体つきや身のこなしを見ながら、それを思い出してしまい、私はいかんいかんと頭を振って、不埒《ふらち》な妄想を脳裏から振り払いました。

その日の夜が更けたときでした。私が布団に入ってウトウトしていると、義母が布団に忍び込んでくるのがわかりました。驚いて身動きができずにいると、柔らかい体を押しつけるようにして、私の耳元でこうささやいたんです。

「最近も娘を抱いてたの？」

私は自分の不埒な妄想が義母にバレたのかと思って、ドキドキしてしまいました。でも、そんなわけはありません。私は精いっぱい冷静を装《よそお》って言いました。

「いえ、安定期にもなってないですし、妊娠がわかってからは一度も……」

「なるほど、そうなのね。じゃあどうして……私は息子も娘も安産だったから、体質的な遺伝ではないと思うんだけど……」

義母の口ぶりからすると、妊娠初期に私たちが激しいセックスをしたことが、切迫流産の原因になっているのではないかと考えたのかもしれません。

それから一転して色っぽい口調になると、こう言いました。

「それじゃ、慎二君、もう三カ月もしてないの？」

「え、ええ、そうなります……」

「だいぶ溜まってるんじゃない？」

「ま、まあ、なんというか……」

もちろん自慰行為で放出はしていましたが、それだけでは満たされないものもあります。妻とのセックスを夢見たことは一度や二度ではありません。そんなことを考えていると、義母が隣からおおい被さってきました。

「これも、親の役目って言ったら変だけど……」

「え、あの、お義母《かあ》さん!?」

義母はキャミソールにショーツだけの下着姿でした。髪型は日本人形を思わせるようなストレートのショートボブです。それがより若く見せているのかもしれません。

「娘の代わりに……してあげる」

「いや、だけど……」

ノースリーブのキャミソールから伸びる両腕で私の頭を抱き締め、髪をかき回すようにしながら、唇を重ねてきました。最初はイメージどおりのやさしいキスでした。

それから唇の湿り気を吸ったり、半開きの唇の間で舌を絡ませてきたり、徐々にいやらしくなっていきました。やがて、激しいキスをしながら私の着ていたパジャマを器用に脱がせはじめ、トランクスまで脱がされてしまいました。

そして、義母の色っぽい鼻息が洩れはじめたころ、その指がそっとペニスを握ってきたのです。私のペニスはすでに硬くなっていました。絶妙な力加減で握ったペニスをしごいてきました。倒錯的な快感が体の隅々まで広がっていきました。

チュプっと唇を離した義母が、暗がりの中で私の顔を見つめてささやきました。

「娘とは、比べないでね……」

照れ隠しのように微笑んだ義母の右手の中指と人差し指がカリ首を、親指の腹が尿道口を愛撫していました。そのうちに、玉袋までさわってきました。

「き、気持ちいいです、お義母さん……」

「私のことも、気持ちよくしてちょうだい」

そう言うと、義母が手を伸ばしてきて、私の右手首を握ってキャミソールのすその下に導き、指先をショーツの中へと押し込んだのです。女らしい丸みに満ちた下腹部を這い下りた私の指先は、妻よりも濃い感触の陰毛をなでて、そのまま蜂蜜をまぶしたようにぬかるんだ熱い女性器に達していました。

「ああぁっ、そこよ……」

幾重《いくえ》にも折り重なった生き物のような粘膜が、指にまとわりついてきました。

「ヌルヌルしてるでしょ？」

「は、はい……すごく」

「どうしよう、私……慎二君を欲しがってる」

エッチなささやきに頭がクラクラして、触れてもいないペニスがビクビクしました。

「ねえ……慎二君も、私が欲しい？」

私は息もできず、必死になってコクコクとうなずきました。

ゆっくりと私の指をショーツから引き抜くと、義母がクイクイと身をくねらせてキャミソールを脱ぎ去り、続けてショーツも脱いでしまいました。

「そのまま、ジッとしてて」

四つん這いで私の体を跨《また》ぐようにして、正面からおおい被さってきました。そのまま義母の右手が私の股間に伸びて、痛いほど勃起したペニスを握りました。

「すごいね……ビクビクしてる」

義母は自分の腰を落とし、ペニスを握った手で亀頭の位置をコントロールして、ヴァギナに当てがいました。亀頭が熱い粘膜の割れ目に密着しました。

「このまま、入れるわよ……」

むっちりとしたヒップの肉が、私の腰周りにのしかかってきました。張りつめた亀頭がヌメヌメッと義母の女性器をかき分けて、埋まっていきました。

「んっ、ぐ……来た、来たよ、慎二君」

私が何もしないうちに、亀頭の先から根元まで、ペニス全体が義母の膣の中に埋没していきました。義母が腰を持ち上げると、吸いついた粘膜がカリ首を削《そ》ぎ取るように引っぱっていきました。膣粘膜がイソギンチャクのようにペニスを締めていました。

「ああっ、慎二君、硬い！」

「す、すごいです、お義母さん……」

例えようもない快感でした。義母は四肢を私に巻きつけ、上から包むように抱き締めていました。水風船のような乳房が胸板に密着してウネウネとうごめいていました。

私は下から、ずっとさわりたかったヒップに両手を伸ばしました。指がどこまでも埋まっていきそうな柔らかさでした。興奮してグイグイともんでしまいました。

「慎二君、そんなの、感じちゃう……」

義母は私の顔中を舐め回しながら、大きく上下に腰を動かしました。

「もっと、いやらしい気分になっちゃうわ」

義母は乳房を押しつけるようにして、私の口の中に唾液を流し込んできました。

「いっぱい、エッチになっていい？」

切羽詰まったような義母の問いかけに、私はまた何度もうなずきました。

そうすると、義母が見開いた黒目がちの瞳を真っ直ぐに向けて、両手で私の頬を押さえつけ、さらに激しくヒップを振りつけました。新婚のときからの妻との思い出に満ちたリビングに、グチャッ、グチャッという淫らな挿入の音が響きました。

「よく見て……こんなに入ってるのよ」

そう言うと義母はおおい被さっていた上半身を起こし、騎乗位の体勢になりました。内腿が直線になるほど両脚を広げ、自分の膝に両手を置いて、上下にヒップを動かしはじめたのです。私のペニスが義母のヴァギナに出入りする様子が丸見えでした。

「いつでも、出していいからね……」

ショートボブを揺らす白い肌が桜色に染まり、ねっとりと汗が光っていました。

「私もう、生理がないから、このまま中に……」

そう言って少し恥ずかしそうに微笑んでから、強烈な勢いで腰を振りはじめました。ふりしぼるように喘ぎ声を発し、水風船のような乳房がいくつにも見えるほど揺れました。息を弾ませ悶《もだ》える顔つきが、ふだんの面倒見のいい義母からは想像もできないいやらしさでした。そのエッチな豹変ぶりは、妻以上としか思えませんでした。

「うっ、あうッ……出ます……イキます！」

「出して……中にいっぱい、出して！」

義母への中出しは深くて長く、魂が抜け落ちるほどの放出感でした。

翌日、会社から帰宅すると、義母がキッチンで晩ご飯を作っていました。膝丈のスカートに浮かぶむっちりとしたヒップが目に飛び込んで、前日の淫らな出来事が脳裏を巡りました。昨日の今日だというのに、私はムラムラしてしまいました。

「予定どおり、あと三日で退院できるって。よかったね」

昼間は妻の病院に行っていたようです。娘の夫とあんなことをしたというのに、娘とは何事もなかったように接してきたのでしょうか。

「さあ、出来たわよ。たくさん食べて」

義母の声に誘われて、スウェットに着替えた私は食卓に着きました。

ファミレスの倍はありそうな大きいハンバーグに、ニンジン、ジャガイモ、インゲン、コーンなどの温野菜が添えられ、大盛りライスにミネストローネスープというメニューでした。腹ぺこだった私は、「いただきます！」とむさぼりつきました。

「そんなに夢中で食べてくれると、作りがいがあるわ」

うれしそうに、まだまだ食欲旺盛な三十男の食べっぷりを見つめていました。

「あのね……初めて娘から慎二君を紹介されたとき、私、ドキッとしちゃったの」

「えっ、どうしてですか？」

「だってね、実の母娘だからかな、私たちって男の人の好みがそっくりなんだもん」

「あ、いや、ええと……」

「じゃなきゃ、昨日みたいなこと……するわけないじゃない」

テーブルの下で、ずっと義母の素足が私の足に触れていました。柔らかい足の指が、私の足の甲やくるぶしを這い回り、指の間をほじるようにしていました。

「なんだか、私、おかしくなっちゃったみたい……」

独り言のようにつぶやいて、義母がテーブルの下にもぐり込みました。そのままテーブルの下を通って私のほうに進んでくると、椅子に座った私の脚の間に体を入れて、太ももに両腕を乗せてもたれるように身をまかせ、いたずらっぽくささやいてきたんです。

「私……こっちが食べたくなっちゃったの」

義母の細く長い指がスウェットをおろし、ボクサーパンツの上から股間をまさぐりはじめました。敏感なカリの裏筋を爪でやさしく引っかきながら、もう一方の指で亀頭をなで回してきました。腰周りにしびれるような快感が渦を巻き、私は一気にペニスに流れ込む血流を感じながら、必死で料理を平らげていったのです。

「ねえ、ちょっと見て」

無邪気な声色でした。うつむいて見ると、義母の指が硬くなったペニスをボクサーパンツの生地で包んで、勃起の形を浮き彫りにしていました。

「なんか、かわいいね」

細い指がパンツのゴムをめくって、膨張した亀頭がブルンと弾け出ました。

「かわいいけど、いやらしい……」

髪を揺らして、唇を大きく開き、ペニスの根元まで咥え込んでいきました。

「うくっ、そんなに……」

生温かい唾液の中に亀頭を泳がせながら、舌が巻きついてきました。鳩のように首を振って、ジュブジュブと音を響かせます。義母の口元から透明な唾液が溢れ出して、瞬《また》く間に私の陰毛から太ももの際までが濡れ光っていきました。

料理を食べ終えた私は、悶えながら「ごちそうさま」と声を絞り出しました。

義母が「おいしかった?」と聞きながらテーブルの下から這い出してきました。そして「はい、すごく」と答える私の耳に口を寄せて、命じるように発したのです。

「そこに手を着いて、お尻を突き出すのよ」

「……ど、どうしてですか?」

私はとまどいつつ、義母の真剣な眼差しに立ち上がってテーブルに手をつくしかありませんでした。グッと背筋を反らしてお尻を突き出すと、スウェットとボクサーパンツが引きずりおろされて、下半身がすっぽんぽんにされました。

膝立ちの義母が私の背後から両手を回してきました。そして自分の唾液でねばるペニスに手の指を絡ませてきました。私は立ったままお尻を突き出す恥ずかしい格好で手コキされる感覚に、全身の毛穴が開いていくのを感じました。

そのときでした。

「ひッ！　あはぅ、うくぅっ……」

いきなり私の肛門に舌が突き立てられたのです。そのままほじるように舐め回してきました。生まれて初めての感触に、私は腰が抜けそうになってしまいました。前と後ろから同時に襲いくる快感で、女の子のような吐息を洩らしていました。

「あ、あふっ、き、気持ちいい……」

肛門の括約筋が、あせったように収縮していました。義母のサラサラの髪の毛が、私の尻たぶをくすぐるようになでてきました。私の尻の割れ目に顔を埋《うず》めて、肛門に舌を突き立て、ほじくり舐め回している義母の様子が、目に見えるように伝わってきました。私は立っていられないほど脚が震え、腰がガクガクと抜けそうでした。

すると、義母がはぐらかすようにスッと立ち上がったのです。

「ねえ、ベッドに行こうか？」

義母が寝ていたダブルベッドは、私たちが新婚のときに購入したもので、その上で数え切れないほど妻とセックスしてきました。妻が何度もイッたベッドです。

そこに義母が、服を脱ぎ全裸になって乗り上げました。

「私のも舐めて……」

四つん這いで上半身を突っ伏し、メス猫のようにヒップを高くして、私に向かってお尻と陰部を突き出してきたのです。私はあっけにとられて問いかけました。

「ど、どこをですか？」

義母はショートボブの黒髪を揺らして、ささやくように訴えてきました。

「意地悪ね……お尻の穴でしょ」

私はベッドに這い上がり、義母の背後に近づいていきました。お尻の割れ目をのぞき込みながら、両手で柔らかい肉をわしづかみにして、これでもかというほど左右に押し広げました。義母が天井を仰ぎ、ヒップをイヤイヤと振り動かしました。

「い、やっ、そんなに……」

細かい放射線を描く括約筋が、ヒクヒクと収縮していました。私はとがらせた舌を精いっぱい突き出して、放射線の中心にグウゥッと埋め込んでいったのです。

「あうッ……ひいいぃ」

私は義母の舌使いをまねして、押し込んだりほじったり、舌先を縦横に動かしました。こめかみをドクドクさせながら、必死になってアナルを舐め回したのです。

「か、感じる、感じちゃう！」

するとと義母が裸体を小刻みに痙攣させながら、ねだるようにささやいてきました。

「そのまま前に、指を入れてみて」

「前って、どこ？」

「また、そんな意地悪言って……オマ○コよ」

義母の口から発せられた淫語に興奮して、私はアナルを舐めながら、右手の中指と人差し指を膣口に宛がい、グジュッとひねり込むように挿入していったのです。

「あぁぁーっ！」

膣粘膜がみっちりと指にむさぼりついてきました。私はその指をかき回しました。

「やッ、いや、す、すごい……」

メス猫のようにエッチな稜線を描く義母の肢体が、硬直と弛緩《しかん》を繰り返しました。

私は舌先をとがらせてアナルをほじりながら、膣の中に指を出し入れさせました。

舌と指の動きを同調させるように心がけて、同じテンポで責めつづけたのです。

「ああっ、こんなの初めて！」

アナルから滴《したた》り落ちる私の唾液と、溢れる義母の愛液が膣口で混じり合ったねばりきった音が、ベッドの上で、ブジュッ、ブジュッと鳴っていました。私の顔面を押し潰そうとでもするように、義母の豊満なヒップが押しつけられました。

「イッちゃう……慎二君、イッちゃうよ！」

柔らかいお尻の肉に鼻も口も塞《ふさ》がれましたが、それでも必死で責めつづけました。

「あっ、イクッ！」

細い指が真新しいシーツを握り締めて、義母の裸体が震えました。

ベッドから浮いた足の指が、キューッと縮み上がっていきました。

「ダメ、また、あうッ！」

豊満な義母の体が、ビクッ、ビクッと激しく爆《は》ぜ返りました。そのままシーツの上に崩れ落ちて、しばらくの間、肩で上下に大きく息をしていました。

「私、義理の息子に……こんなにイカされちゃって」

目を潤《うる》ませた義母が、ゆっくりと振り返ってきました。そして私のトレーナーを脱がせて、昨日の続きとでもいうように女性上位で乗ってきました。

「んっ、はうぅ、ああ……」

私の頭を抱き寄せ舌を絡ませながら、腰をグッ、グッと振りつけました。たわわな乳房を私の胸板にこすりつけ、むっちりと密着したヒップで円を描くように動かしてきました。深く入ったままの亀頭が、膣の奥をかき回しました。

「あぁ、すごく硬い。奥までくる……」

ペニスの隅々にまで、義母の淫らな腰使いが伝わってくるようでした。

小陰唇で亀頭をしゃぶるように、膣口の浅い部分で何度も出入りさせてから、ムチッとしたヒップを打ちつけてきました。そのたびにペニスが濃厚な膣粘膜をかき分けて、根元まで義母の中に突き刺さっていくのがわかりました。

「あッ」「あッ」と小刻みなピストンを繰り返してから、深く突き刺し「あああっ！」と背筋を反り返らせる義母が、私の耳を舐め回しながら訴えるようにささやきました。

「はぁう、気持ちいい、慎二君のチ○ポ……」

私が口をパクパクさせていると、甘えるように問いかけてきました。

「私のオマ○コは、どう？」

私は快感にしびれる頭で、ふと浮かんだことをそのまま口に出しました。

「実の母娘だから、同じくらい……エッチです」

「やだ……な、何を言ってるの」

義母が上半身を起こして、狂ったように腰を振りはじめました。口角をキュッと結んで、少し怒ったような顔で、騎乗位のウエストを強烈に動かしてきました。

「もう……娘とは比べないでって言ったでしょ」

「ごめんなさい、つい……でも、二人ともふだんと別人みたいで」

「やめてってば。慎二君のチ○ポのせいよ……」

ショートボブの髪を振り乱す義母の腰つきが止まりませんでした。

「こ、こんなに、気持ちいいんだもん……」

最大限まで勃起したペニス全体が、膣粘膜にもみくちゃにされていました。

「慎二君のチ○ポが、娘も私もエッチにするのよ……」

そう言った義母が動きを止めて、しがみつくように抱きついてきました。「上になって」とささやき、横にグルリと回転して深く入れたまま体勢を入れ替えたのです。

「エッチなオマ○コ、慎二君のチ○ポで責めて！」

私は義母の両脚を肩に担ぐ屈曲位で、腰を打ちつけるように動かしました。腕立て伏せのように両腕を突っ張り、グッ、グッと尻の筋肉を使って突き入れたのです。

「あうっ、いいっ、いっぱい突いて！」

噴き出す汗が、私のあごや胸から義母の顔に滴り落ちていきました。グチャッ、グチャッと膣を貫くペニスの音が、鼓膜の奥の脳みそまで興奮させました。

「いく、また……イクッ！」

寝室の空気をかき乱す義母の声に合わせて、私は夢中で腰を打ちつけ、下腹部が空っぽになるほど勢いよく精液をほとばしらせました。

それから妻が退院してくるまで、私たちは何度もセックスしました。

「女はね、好きな男の人が抱いてくれれば、いくらでもエッチになるんだから……」

そう言い残して、義母は静岡に帰っていきました。

それ以後は、何事もなかったように接してくれました。私は妻とセックスしながら、義母の淫らな姿を思い出すこともありましたが、孫の顔を見に上京してマンションに泊まっても、義母はお祖母ちゃんに徹していました。

あれから二年。私たち夫婦は二人目の子どもを授かりました。上の子もまだ手がかかるので、妻が安定期に入るまで義母がまた手伝いにきてくれることになりました。

私もまた、いろいろと義母のお世話にならなければいけないと思います。

年上の美人女課長と酔った勢いでラブホへ
変態マゾの性癖を見抜き逆転の調教プレイ!

竹井明　会社員・二十四歳

私は入社二年目の会社員です。今年になって後輩も入社してきて、いろいろと仕事も任せられるようになったのですが、その量が半端ではないんです。

でも、まだ要領よく仕事をこなすことができないため、毎日終電で帰宅するような感じでした。しかも、直属の上司である米沢舞子《よねざわまいこ》課長はすごく厳しいんです。

二代目の現社長の新入社員時代の教育係だったこともあり、社内では誰も彼女には逆らえません。

特に気が短いことで有名で、仕事が遅かったり、クオリティが低かったりしたら、とにかくヒステリックに怒鳴り散らすんです。そのターゲットは、最近はもっぱら私でした。まあ、仕事ができない私に問題があるといえばそれまでですが。

それでも毎日怒鳴られてばかりで、睡眠不足のせいもあって、もう精神的にもいっぱいいっぱいだったんです。

そんなある日、私は疲れが溜まっていたために電車の中で居眠りしてしまい、取引先へのプレゼンに三十分以上も遅刻してしまいました。

当然、先方は大激怒です。私はそのまま追い返されてしまいました。

これはもう私一人の問題ではなく、下手をしたら我が社が今後いっさいの取引を打ち切られてしまう可能性がありました。そのため、私は会社を辞める決心をしたんです。

「すみません、課長……今回の件、私が責任を取らせていただきます」

そう言って課長のデスクに辞表を置きました。いつものように叱責《しっせき》が飛んでくるのを覚悟して目を閉じたのですが、いつまで経っても静かなままなんです。おそるおそる目を開けて課長を見ると、いつになく優しい表情で辞表を私のほうへと押し戻しました。

「竹井《たけい》、あんたが辞めても責任を取ったことにはならないよ。ほんとうに責任を感じているなら、ちゃんと先方に謝って許してもらわなきゃ。いいわ。私もいっしょに行ってあげる。さあ、支度しなさい」

その言葉どおり、課長は私といっしょに先方に向かい、ただ謝罪するだけではなく、なんと土下座までしてくれたんです。もちろん私もあわてて課長と並んで土下座をしました。そのかいあって、先方も怒りの矛先《ほこ》を収めてくれました。

「いやあ、米沢さんにはかなわないなあ。まあ、今後ともよろしくお願いしますよ。竹井さんも、いい上司を持ったね」

先方の担当者はそう言って、豪快に笑うんです。私は膝の力が抜けて、しばらく立ち上がることができませんでした。

「ねえ、竹井。今日はもう仕事はいいから、ちょっと一杯やっていこうか？」

先方の会社を出ると、課長はそう言って私の肩をポンと叩きました。もちろん私に断る理由はありません。

「はい、よろこんでお供させていただきます！」

私と課長は適当に目についた居酒屋に入り、ビールを注文しました。

「こうやって、サシで飲むのは初めてよね？」

課長が言うとおりサシ飲みは初めてですし、会社の飲み会などでも課長は少し近寄りがたくて、私はいつもわざと離れた席に座るようにしていたために、二人でちゃんと話しをすること自体初めてでした。

お酒が入ると課長の口は滑らかになっていきました。課長は今年で五十歳になり、旦那さんも子どももいるということで、仕事をしていくうえでは普通の男性社員たちよりもずっと努力してきたというのです。

「それこそ、寝ないで働いたわ。だから、あなたみたいな若い子たちが適当なことをやってるのを見ると、歯がゆかったりするの」

「すみません……」

「だけどね。そうやって仕事仕事で生きてきたのが正しかったのかなって、最近ふと思ったりもするのよ……」

そう言って課長はじっとビールジョッキを見つめるんです。その様子は、いつもの課長とは違ってすごく弱々しいんです。

「課長……お疲れみたいですね？　私のせいでいろいろお手を煩《わずら》わせてしまって、申しわけありません」

「ううん、あなたのせいで疲れてるわけじゃないの。私も私生活はいろいろたいへんなのよ。夫には家に男が二人いるみたいだって言われるし、鍵っ子で育ったせいか、高校生になった息子は反抗的で口もきいてくれないし……仕事なんか適当にして、妻として、母として、女としての人生を楽しんだほうがよかったんじゃないかって……そんなことを考えちゃうの」

酔いのせいでしょうか、課長は目の下あたりをほんのり赤くしながら、そんなことを言うんです。

「竹井はさあ、まだ二年目でしょ？　簡単に辞めるなんて言わないでね。竹井が辞めたら、私が会社に来る張り合いがなくなっちゃうもの。だって、私、竹井のファンなんだよ。あんたの顔を見たくて、がんばって出社してるんだから」

そう言って、照れくさそうに笑うんです。日ごろはきつく当たりながらも心の中では自分のことを心配してくれていたのだと思うと、私はいままで煙たがっていたことを反省し、課長になにかお礼をしたいと思ってしまいました。

「課長、今日のお礼をさせてください。なにか欲しいものはないですか？」

「お礼？　私は物欲はまったくないからさ」

「じゃあ、プレゼントじゃなくてもいいです。課長のためになにかをしたいんです。なにかぼくにできることないですか？」

「そうだね……」

課長は腕を組んだまま、目を閉じて考え込みました。そして、ふと目を開けると、上目づかいに私を見つめてぽつりと言いました。

「抱いて……なんてね！　嘘、嘘、冗談よ。ちょっと飲みすぎちゃったかしら。あ～恥ずかしい」

課長は真っ赤になった顔を手で扇いでるんです。その様子を見ていて、私は胸がときめくのを感じました。それまで課長のことを女性として見たことはありませんでしたが、よく見れば胸も大きいし、目鼻立ちのはっきりとした顔立ちだし、唇はぽってりと肉厚で、とても色っぽいんです。

「行きましょう！」

私は課長の手をつかんで立ち上がりました。

「どこへ？」

「ホテルです。ぼく、課長を抱きたくてたまらないんです！」

私はつい、そんなことを口走っていました。でも、それは本心でした。課長が怒るかもと一瞬不安になりましたが、そんなことはありませんでした。それどころか、私の腕にしがみつき、乳房をぎゅっと押しつけてくるんです

「ありがとう。竹井、私もあんたのことが好きよ」

店を出た私たちは近くのラブホテルに駆け込み、いきなり熱烈なディープキスを交わしました。そして私は、課長の予想以上にボリュームのある乳房をたっぷりもんでから、その手をスカートの中へと移動させました。

「あんっ……」

かわいらしい声を出した課長の下着は、もうぐっしょりと濡れているんです。

「課長、すごいことになってるじゃないですか」

私があきれて言うと、課長は恥ずかしそうにこたえました。

「私、もう十年以上もセックスしてないの」

「ぼくだって、もう一年ぐらいはしてませんよ」

私は学生時代につきあっていた恋人がいたのですが、仕事が忙しくて会えない日々を過ごしているうちに、向こうに新しい男ができてフラれてしまったんです。

それもこれも、課長に大量の仕事を押しつけられたからです。腹が立っていた当時の記憶が、不意に蘇《よみがえ》ってきました。すると、さっきまで愛おしく思っていた課長に仕返ししてやりたいという気持ちが込み上げてきてしまうんです。

「課長、服を脱いでください」

そっと体を離すと、私は課長に言いました。

「え？　脱がしてくれないの？」

「ぼくは課長のストリップが見たいんです。いやなら、このまま帰りますけど、どうしますか？」

そう言うと私はソファに腰をおろして、ふんぞり返るようにして背もたれに体をあずけました。

ふだんなら絶対に許されない態度です。だけど、いまは問題ないと私は本能的に感じたんです。それはきっと、課長の全身から滲み出るマゾ臭のせいでした。

「脱ぐわ……だから、帰るなんて言わないで」

弱々しく眉を八の字に寄せながらそう言うと、課長は私の前で服を脱ぎはじめました。いつも自分のことを怒鳴りつけていた課長が恥ずかしそうに服を脱いでいく様子は、たまらなく興奮してしまいます。

上着を脱ぎ、シャツを脱ぎ、スカートを脱ぎ……。課長はブラジャーとパンティだけという姿になりました。

「明かりを……明かりをもう少し、暗くしちゃダメかしら？」

「ダメです。ぼくは課長の裸を見たいんです。暗くしちゃったら意味がないじゃないですか。さあ、早く脱いで！」

そう言いながら私はズボンのジッパーをおろし、ペニスを剝き出しにしました。それはもうビンビンにそそり立ち、自分でもあきれるほど力をみなぎらせていました。

「はあぁぁ……すごいわ……」

課長は私のペニスを見て、ため息を洩らしました。

「ほら、これが欲しいんでしょ？　全部脱いだら、しゃぶらせてあげますよ」

「あぁぁぁん……欲しい……あぁぁぁ……欲しくてたまらないのぉ……」

課長は体の後ろに手を回してブラジャーのホックをはずしました。Eカップはありそうな大きな乳房が、ぷるるんと重そうに揺れるんです。

「それも脱いでください」

私は強い口調で言いました。

「はあぁぁん、恥ずかしいぃ……」

そう言いながらも、課長は素直にパンティを脱ぎました。そして、胸と股間を手で隠しながらモジモジしてみせるんです。その恥ずかしそうな様子が、たまらなく興奮してしまうのでした。

「ねえ、もういいでしょ？　竹井のペニスをしゃぶらせて……」

「まだダメです。手をどけて、課長の裸をもっとよく見せてください」

「ああ〜ん……これでいい？」

課長は恥ずかしそうに顔をそむけながら、両手を体の後ろへ回しました。豊満な乳房が揺れ、少し贅肉のついたお腹の下に、まったく手入れをしていない陰毛が黒々と茂っているんです。

「マン毛が濃すぎて、よく見えないですね。ベッドの上でM字開脚ポーズになって、オマ〇コをよく見せてください」

「そ……それは……」

「いやなら、これはもうしまっちゃいますよ」

私はズボンを引っぱり上げて、勃起状態のペニスをしまおうとしました。

「ああん、ダメよ！　わかったわ……M字開脚するから」

課長はあわててそう言うと、ベッドに上り私のほうを向いてM字開脚ポーズをしてくれました。その恥ずかしそうな様子を見ると、私のS心はますます激しく燃え上がるんです。

「小陰唇が張りついちゃってるじゃないですか。自分で開いて、奥までもっとよく見せてくださいよ」

「あぁぁん、それは……」

「いやならいいんですよ」

私はまた、ペニスをしまうふりをしました。

「待って！　するわ。開いて奥まで見せてあげるから、はあぁぁん……」

課長はM字開脚ポーズのまま、お尻のほうから手を回して肉丘に指を添えて力を込めました。小陰唇がぴちゅっという音とともに剝がれて左右にゆっくりと開いていき、女性器の中身が剝き出しになりました。

真っ赤に充血した粘膜が、溢れ出た愛液にまみれてぬらぬら光っているんです。しかも、膣口が物欲しそうに開き、呼吸に合わせてヒクヒクとうごめいていました。

「す……すごいですよ、課長……奥まで丸見えですよ！」

私は思わず身を乗り出して、課長の股間に顔を近づけてしまいました。

だって、いつもは私のことを怒鳴りつけている鬼の女課長が、自らオマ○コを開いて見せてくれているのですから、興奮しないほうがどうかしています。

「あああぁぁん……恥ずかしい……」

切なそうな声を洩らしながらも、課長は私のためにオマ○コを開きつづけてくれているんです。そろそろ見返りをあげないと、かわいそうだと思えてきました。

「そのまま、動かないでくださいね。いま気持ちよくしてあげますから。動いたらその時点で、もうやめちゃいますからね」

「はあぁぁ……わかったわ」

私は課長の股間に手を伸ばし、割れ目の端でぷっくりとふくらんでいる場所に触れました。

「はあぁん！」

そこはかなり敏感なのでしょう。課長はビクンと腰をふるわせました。それでもM字開脚ポーズでオマ○コを開いたままです。

「課長、ここが気持ちいいんですよね？」

膣口から溢れ出て、お尻の穴のほうに流れ落ちていく愛液を指先ですくいとり、それをクリトリスに塗りたくるようにしてあげました。

すぐに包皮を押しのけるようにして、ピンク色のクリトリスが剝き出しになりました。それはもうパンパンにふくらんでいて、課長の興奮ぶりが伝わってきます。

そして私の指の刺激から逃れるように、ヌルンヌルンとすべり抜けるたびに、課長の体がビクンビクンと震えるんです。

「あっ、はあああん……あああん……はっあああん……」

かわいらしい喘ぎ声を洩らす課長の膣口からは、とめどもなく愛液が溢れ出てきました。私はその泉の源に中指を挿入しました。

「はあっ……」

予想外の行為だったのでしょう、課長は驚いたように声をあげ、同時に膣壁がきゅーっと収縮して、私の指を締めつけてきました。

そこは熱くてヌルヌルで、おまけにすごい締まりのよさなんです。

「うう……課長……課長のオマ○コは名器ですね。あとでたっぷり味わわせてくださいね。でも、その前に、指でイカせてあげますよ」

私は中指を抜き差ししながら、親指でクリトリスをこね回しました。

「ああっ……ダメよ、竹井。そ……それ……気持ちよすぎるわ、はあああん……」

課長は律儀にオマ○コを開いたまま、気持ちよさそうに喘ぎつづけました。本気で感じているのでしょう。私の指は、課長の濃厚な本気汁で白く彩られていくんです。

「課長、ほら、ぼくの指、真っ白になってきちゃいましたよ」

「ああん、いや……ダメ……もう……もうイキそうよ、はああん……」

「いいですよ、イクところを見せてください。ほら、ほら!」

私は中指を曲げてGスポットをこすりながら、親指でクリトリスをこね回しつづけました。もう絶頂の瞬間が近いのでしょう。指ピストンで課長のオマ○コがグチュグチュと鳴り、愛液の量が一気に増してきました。

「あっ、はあああん……い、イク……はあああん、イクイクイク……もうイッちゃう!」

そう叫んで課長が全身を硬直させた瞬間、オマ○コから大量の液体が勢いよく噴き出しました。

「な、なんだ？　課長、潮を吹いてますよ。す、すげえ！」

私はさらに指の動きを激しくしくしました。

「いや！　見ないで！　あああん、もうやめて！　またイク！　あっはあああん！」

課長は立て続けに何度もイキながら、大量の潮を吹きつづけたのでした。

「課長、すごくエロいものを見せてもらったお礼に、ぼくのペニスをしゃぶらせてあげますよ……」

私のはベッドの上に仁王立ちし、恥ずかしさと快感でぐったりしている課長の前に、ペニスを差し出してあげました。

「はあぁぁ……竹井……あああん……すごく立派だわ。あああああん、んぐぐぐ……」

イッたばかりで体に力が入らないのか、気怠《けだる》げに体を起こすと、課長はぼくの脚にしがみつくようにして膝立ちになってペニスを口に含みました。

「うぐっ……うぐぐぐふ……ぐぐぐ……」

まるで餓鬼のようにむしゃぶりつき、深く呑み込みすぎてむせ返ったりしながら、ペニスを一心不乱にしゃぶりつづけるんです。

ほんとうにペニスに飢えていたようで、その様子はエロすぎます。それにずっといじめられてきた記憶が蘇ってきて、課長にこうやって奉仕させていると思うと、ペニスに受ける快感が何倍にも感じられるんです。

「ううう……課長……気持ちいいですよ。あううう……」

私は両手をきつく握り締めながら、その快感を堪能しました。

「はあぁぁん……竹井……欲しい……オマ○コに欲しい……あああああん……」

子宮がムズムズしているのでしょう、課長はペニスをしゃぶりながら膣に指を入れてグチュグチュかき回しているんです。もっと焦らしてやろうと思っていたものの、その卑猥すぎる姿に私はもう我慢ができなくなってしまいました。

「いいですよ、課長。ぼくのペニスを、課長のオマ○コに入れてあげますよ」

「あああん、早く入れてぇ……」

課長はすかさずベッドにあおむけになり、私に向かって股を開きました。だけどこんなすごいM女に、ふつうに挿入してもつまらないです。

「正常位なんてダメですよ。獣みたいに犯してあげますから、四つん這いになってください」

「はあああん……こう？　これでいい？」

課長はいっさい躊躇《ちゅうちょ》することなく、四つん這いになって私にお尻を向けました。そして、腰を反らして陰部を突き上げるんです。

膣口が私を挑発するように、パクパク開いたり閉じたりを繰り返しています。

「なんてエロいんだろう。ほら、これが欲しいんでしょ？　どうぞ、しっかり味わってくださいね」

私は膝立ちになり、バックから一気にペニスを挿入しました。

「はあああん！」

課長が髪を振り乱して喘ぎ声をあげました。アナルがきゅーっと収縮するのが丸見えです。その動きと連動しているのでしょう、膣壁がペニスをきつく締めつけるんです。その狭い膣穴に、私は激しくペニスを抜き差ししつづけました。

「課長、もっとオマ〇コを締めてください。まだまだ緩いですよ。ほら、ほら！」

私はまるで競走馬に鞭を入れるように、課長の尻を平手でパンパン叩きながら、ペニスを抜き差ししつづけました。

「はああん！　あああん！　あっはあああん！」

尻を叩かれるたびに喘ぎ声をあげ、課長は素直に膣を締めるんです。いやらしすぎる状況と熟れた膣穴の快感に、私はもう限界がすぐそこまで迫っていました。

「うう……もう出そうです、課長……どこに、どこに出してほしいですか？」

「はあん！　中にちょうだい！　オマ〇コの中に、竹井の精子をいっぱいちょうだい！」

課長はもう五十歳です。きっと妊娠の心配もないのでしょう。それならたっぷり中出ししてやろうと、私はラストスパートの激しさで膣奥を突き上げつづけました。二人の粘膜がこすれ合ってグチュグチュと鳴り、ペニスが石のように硬くなっていきました。

「あああ、もう……もう出そうです。ううう……中に出してあげますからね。さあ、課長……ぼくの精液を中に出しますよ。あああ！　うううう！」

私はズンと奥までペニスを挿入して、そのまま腰の動きを止めました。次の瞬間、課長の膣奥でペニスが激しく暴れ回り、熱い体液をドピュンドピュンと迸《ほとばし》らせました。

その射精を子宮の中に感じながら、課長もその日何回目かわからない絶頂へと上りつめていったのでした。

「またイッちゃううう！　あっはぁぁぁん！」

その日以来、私と課長はセフレとなり、ときどき仕事帰りにラブホに寄ってセックスをしています。仕事中に課長が私を厳しく叱責した日ほど、ホテルでは逆に、私が課長に恥ずかしい格好をさせていじめているんです。

第四章
熟れきった女の肉欲が淫靡に目覚め

教え子の五十路ママと禁断の野外露出撮影！
極小ビキニスタイルで許されざる膣内射精

小宮山常晴　高校教師・二十六歳

私には、かなりマニアックな性癖があります。

それは太ったおばさん、それも五十代くらいのだらしない体型の女性のビキニ姿に欲情してしまうのです。

きっかけは、学生時代にアダルト投稿雑誌で見た一枚の写真でした。熟年カップルの投稿らしく、女性ははちきれんばかりの太った体を無理やり白いビキニに押し込み、野外を散歩しているのです。

胸もお尻も大きくはみ出して、一見するとグロテスクな写真です。しかし私は激しく興奮してしまいました。若くてスタイルのいい女性にはない、熟女の妖しい色気に魅せられてしまったのです。

それ以来、私はそういったマニアックな写真ばかり集めるようになり、将来は教師を目指すようになりました。

なぜなら、教師になれば多くの生徒の母親と出会えるからです。私好みのむっちりと太った熟女とも、関係を持てるかもしれません。

そんな下心を持って高校の教師になった私は、三年目になってようやく理想の女性に出会えました。

彼女は私が担任をする女子生徒の母親で、名前は津紀子《つきこ》さん。年齢は五十一歳です。ＰＴＡの役員にも選ばれた彼女とは、学校内で行われた会合で初めて顔を合わせ、私は一目で惹かれてしまいました。

身長は百五十センチそこそこと小柄なのに、体つきは太めで体重は七十キロ近くはありそうです。上品そうな美しいルックスも魅力的でした。

とりわけ目を引いたのは、むっちりと太った体や、ボリュームのある胸とお尻です。

Ｆカップはありそうな巨乳は服を着ていても目立ちます。そして歩くたびに揺れる巨大なお尻は、思わず目で追いかけてしまうほどでした。

彼女は裕福な家庭の主婦で、物腰や話し方からは育ちのよさを感じさせました。どうやらお見合い結婚をするまでは、箱入りのお嬢様だったようです。

最初の顔合わせで話しかけて好感触をつかんだ私は、さっそく彼女にアプローチを開始しました。

するとと、よほど刺激に飢えていたのでしょう。私のような若い教師に口説かれて浮かれたのか、彼女は二つ返事で誘いに乗ってくれました。

しかし、すぐには体の関係を持ちませんでした。それにはちゃんとした理由があります。私の目的はセックスよりも、もっと別なところにあったからです。

何度かデートを重ねてから、夏のある日に彼女をドライブへ誘いました。

目的地はとある海です。海辺へ行って車通りの少ない道路脇に車を停めると、彼女にプレゼントがあると言って、あらかじめ用意しておいた紙袋を渡しました。

「えっ、私にですか？　ありがとうございます！」

私からの初めてのプレゼントを、彼女はうれしそうに受け取りました。

ところが紙袋の中身を見て、目を丸くしていました。

「あの、これは……」

「実は……これをあなたに着てほしいんです」

私がプレゼントしたのは、かつて投稿写真誌で見たのと同じ白いビキニでした。この日のために彼女のサイズに合うものを、通販で購入しておいたのです。

さすがに彼女も「こんな恥ずかしいもの着れません」と、きっぱり断りました。自分の体型や年齢を考えれば、そう言うのも無理のない話です。

しかし私は諦めずに頼み込み、自分の隠しておいた性癖も打ち明けると、彼女もようやく態度をやわらげてきました。

「わかりました……先生がどうしてもとおっしゃるなら」

彼女は最後には、すべて受け入れてくれたのです。

この日まで私が彼女にしたことは、軽いキスだけです。どんなにいい雰囲気になっても体に手を出さなかったのは、私の言うことを聞けば抱いてもらえると、そう思わせるためでした。

きっと彼女は、早く抱かれたくてウズウズしていたはずです。私の作戦はどうやら成功したようでした。

ついに念願がかなった私は、ワクワクしながら彼女が車の陰で着替えて出てくるのを待ちました。

かなり長い時間が過ぎてから、ようやく私の前に現れた彼女は、おずおずと恥ずかしそうに手でビキニを隠していました。

「やっぱりこんなことやめませんか？　とてもお見せできるような格好じゃありませんから……」

そう言ってはいますが、私にとっては衝撃的な光景でした。むっちりと太った肉体を、小さなビキニに無理やり収めているのです。まさに私が望んでいた姿そのものでした。

そのまま私は彼女を海岸まで連れ出し、写真撮影を始めました。

あたりには人は少ないものの、海水浴客の姿がちらほら見えます。全員が私たちを物珍しげに眺めていました。

彼女は恥ずかしがりつつも、私のリクエストにこたえて砂浜を歩き、ポーズをとってくれました。

水着のサイズが小さすぎたのか、お尻は食い込んでほぼ丸出しです。豊かな胸はかろうじてビキニで支えているものの、見えていないのは乳首だけで少し動けば乳輪の一部が露出してしまいます。

さらに処理をしていない股間の毛は、水着から盛大にはみ出していました。

いくら海辺とはいえ、こんな格好で歩いている海水浴客はほかにいません。目立ってしまうのはあたりまえでした。

私たちの背後からは、遠巻きに見ているギャラリーたちの「やだ、なにあれ!?」「あのおばさん変態じゃない?」などという声が聞こえてきます。

おそらく、彼女の耳にも声は届いているはずです。ＰＴＡの役員であり、一児の母親でもある彼女にとっては、屈辱的な言葉だったのではないでしょうか。

私はそんな彼女の姿に激しく興奮していました。恥ずかしそうに視線を気にしながら、言われるままにポーズをとる彼女は、たまらないエロスをかもし出していますついでに海にも入らせると、水に濡れた水着は容赦なく透けてしまい、ほぼ全裸と変わらなくなってしまいました。

しかも彼女は、しばらくそれに気づいていませんでした。私が指摘すると、彼女はあわてて「いやっ！」と悲鳴をあげ、うずくまってしまいました。

さすがに、これ以上人前で露出させるのは無理そうです。場合によっては、警察を呼ばれるかもわかりません。

そう判断した私が撮影の終わりを告げると、彼女は逃げるように車のある場所へ戻っていきました。

撮影に満足した私は、もう我慢できなくなっていました。これから海沿いにあるホテルへ彼女を連れ込み、たっぷり抱いてやるつもりでした。

ところがひと足先に車に戻っていた彼女は、水着から着替えることなく助手席で私を待っていました。

「どうしたんですか？　もう着替えてもいいんですよ」

するとと彼女は、まっすぐに私を見据えながらこう迫ってきたのです。

「先生、私を……このまま抱いてください」

車に乗り込んできた私に、真剣な顔で訴えてきます。

さらに助手席から身を乗り出し、豊満な体を押しつけながら、強引にキスを求めてきました。

「ンムッ、ンンッ……」

いつも以上の激しさで、むさぼるように唇を重ねてきます。

私は、さっきまで恥ずかしがっていた彼女の豹変ぶりに驚きました。どうやら海辺でさんざん露出した姿を人に見られているうちに、彼女も我慢できないほど興奮していたようなのです。

「いいんですか？　ここは近くに車も通りますよ」

「かまいません。でないと、もう……体がどうにかなってしまいそうなんです」

そこまで欲情させてしまったのなら、ホテルへ連れていく必要もなさそうです。こうなれば危険を承知で、カーセックスをしてやることにしました。

彼女はまだ、濡れたビキニを着たままです。私は胸の紐を引っぱって、ずらしてみせました。

ぷるんと揺れながら、巨大なふくらみがこぼれ落ちてきます。

乳輪も乳首も黒ずんでいて、若い女性のような張りのある胸ではありません。ビキニの支えを失うと、だらしなく形が崩れています。

そんな体でも、私にとってはたまらなくそそります。細身のスタイルのいい体つきでは、とてもこの色気は出せません。

すかさず胸をもみしだいてやると、たっぷりと重みがあって、もみ心地も最高です。

「あんっ……」

指先ぐらいある乳首はかなり敏感です。軽くさわっただけで、切なげな喘ぎ声を出していました。

「先生、私ずっと待ってたんですよ……いつ抱いてくれるか、そればかり考えてたんですから」

胸をもまれて息を乱しながら、彼女はそう訴えてきます。

おそらく、彼女の欲求不満も限界に達していたのでしょう。いつもの上品なたたずまいは、どこかに消え失せています。

私の手は胸から下へ移り、彼女の段々になったお腹の肉をなでていました。

そこをさわられるのは女性にとって恥ずかしいのか、小さな声で「やめてください」と言ってきました。

しかし私は、逆にそういう反応を見たくてさわりつづけました。

「意地悪なんですね……太っているのを気にしてるのに」

そう拗《す》ねているので、機嫌を取るためにフォローを入れてやりました。

「この体がいいんじゃないですか。でなければ、あんな格好させませんよ。色っぽくて、みんな見てたじゃないですか」

精いっぱいおだてると、彼女も少しばかり自信を取り戻したようです。

いよいよ最後に残った一枚にも手をかけると、彼女は早く脱がせてほしいとばかりに腰を浮かせて待ってます。

彼女の濃い陰毛は、水着から大量にはみ出したままです。脱がせてみると毛深いま○こが顔を出し、ビラビラがいやらしく開いています。

しかもよく見てみると、海に入って濡れただけでなく、彼女の愛液が溢れ出ているようでした。

「もうこんなに濡れていますよ……ほら」

私は指で愛液をぬるんとすくい取ってやりました。

彼女はそのひとなでで「ああっ」と体をふるわせました。わずかな刺激にも敏感になり、もう一回してとばかりに足を開いて待っています。

「そんなに感じたんですか？　ちょっとさわっただけなのに……」

「だって、もう何年も主人にも相手にされてなくって……さっきからずっと、あそこが疼いて……」

おそらく、自分の指以外でさわってもらったのも久しぶりだったのでしょう。

それならばと、今度は指を膣の奥深くに押し込んでやりました。

「はぁんっ……！」

ひときわ大きな声を出し、太った体を身悶《みもだ》えさせています。

彼女の膣は熱く、ドロドロとした愛液にまみれていました。私の指を咥え込んでいやらしくヒクついています。

指を抜き差ししてやると、彼女の腰がさらに大きく揺れました。同時に私の股間にも手を伸ばし、ズボンの上からまさぐってきました。

「あっ、ああっ、んっ……あんっ！　先生、早く……」

すぐにでも抱かれたがっている彼女を我慢させ、指だけで責めつづけます。

とうとう待ちきれなくなった彼女は、勝手に私のズボンのベルトをはずしはじめました。もどかしげにズボンを脱がせ、下着を引っぱりおろすと、ペニスをつかみ出しました。

「すごい！　こんなに大きくなってる……」

勃起したペニスを、彼女はうっとりとした目で見つめています。

さらに頭を屈め、私が何も言っていないのに股間に顔を埋《うず》めてきました。

「ううっ……」

いきなりのフェラチオに、私は思わず腰を浮かせました。

それを押しとどめるように、彼女は両腕で私の腰を押さえつけながら、深く顔を沈めてきます。

喉の奥まで咥えると、口の中全体を使ってペニスを舐め尽くしてきます。私のペニスがおいしくて仕方がない、そんな声が聞こえてきそうないやらしい舌使いです。

私は運転席に座ったまま、おしゃぶりをする彼女の頭をなでていました。

途中で何台か車が通り過ぎていきましたが、私たちが何をしているのかは気づかなかったようです。まさかこんな場所で、裸の熟女がフェラチオをしているとは誰も思わないでしょう。

「ンンッ、ンンッ……」

彼女は夢中で顔を動かしながら、しきりに色っぽく喘いでいました。ますます舌の動きも激しくなってきます。

私はあまりの気持ちよさに、もうこのまま口の中に出してしまおうかと思ったぐらいです。

するとギリギリのところで、彼女はペニスから口を離してくれました。

「ああ、お願いします……早く、これをください」

いよいよ彼女も我慢ができなくなったのか、必死の形相で訴えてきました。

私もこれ以上は待ちきれません。望みどおり彼女を抱いてやるつもりで、今日のために準備しておいたコンドームを取り出しました。

ところが彼女はそれを待たずに、運転席へ乗り込んできました。

「待ってください。まだこれをつけ終わってませんから……」

「いいんです、そんなもの。私には必要ありません！」

よほど私をありのままで欲しいのか、まさかの生セックスのおねだりでした。

私がどうしようか迷っていると、彼女は運転席のシートを倒して、腰に跨《またが》ってきました。

「私が上になって動きますから。先生はそのまま横になっていてください」

こうなってしまうと彼女に身をまかせるしか、私にできることはありません。

しかし見るからに運動不足の体で、満足に騎乗位ができるのか不安になってきます。ただでさえ狭い車内では、自由に動くことも難しそうです。

そんな私の心配をよそに、彼女はペニスをつかんで股間にあてがうと、腰を落としてきました。

「はぁっ、ああんっ……！」

一気にペニスが、ぬかるんだ穴の奥に吸い込まれました。

たっぷり濡れてすべりもよく、締まりも悪くはありません。五十代の女性にしてはなかなかの具合のよさでした。

私が彼女の膣の感触を味わっていると、さらに彼女は体重をかけてきます。

「おおっ！」

思わず私は声を出してしまいました。

彼女が腰を落としたままグリグリとお尻を揺すると、膣の内部もペニスにまとわりついてくるのです。

「すごいですよ……中がうねってとても気持ちいいです！」

「よかった……私だけじゃなくて、先生にもたっぷり楽しんでいただかないと」

彼女は私の両手を握ると、それを支えに腰を振りはじめました。ずしりと重い体が、私の体の上で動きます。ゆさゆさと胸が激しく揺れ、お腹の肉も波打っていました。

「んっ、あぁんっ、あっ、あっ……んっ！」

真下から見上げる光景は迫力満点でした。体の揺れ具合だけでなく、喘いでいる彼女の表情もたまりません。

抱いてみてわかりましたが、彼女の体はたるんでいるように見えて、もっちりと弾力に溢れています。

あまりの抱き心地のよさに、私までじっとしていられなくなり、下から腰を揺すってしまいました。

それが彼女には、いちだんと刺激になったようです。大きな声で「はぁん」と叫び、お尻の動きがさらに活発になります。

「あぁんっ！　せ……先生、気持ちいいっ！　こんなの初めてです」

彼女が夢中になって動くたびに、車体が小さく揺れています。それほどの激しさと体重が、私の腰にかかっていました。

しかし彼女はそんなことにまったく気づかないまま、汗をぽたぽたと私の体の上に落としています。

つながっている股間も、愛液でびしょ濡れです。そのままシートまで濡らしてしまいそうでした。

すっかり彼女に圧倒された私は、もはやされるがままになっていました。すべて彼女にコントロールされ、ただ快感だけが押し寄せてきます。

「ああ、もうダメです……」

いよいよ射精が近づいてくると、私は上にいる彼女にそれを伝えました。

するとそれまで腰を振っていた彼女が、ピタリと動きを止めました。

「このまま出してください。だいじょうぶですから……」

「ほんとうにいいんですか？　責任は取れませんよ……」

私がそう言っても、彼女はペニスを抜こうとはしません。どうやら本気で、このまま射精させるつもりのようです。

私もこらえることができなくなり、とうとう限界を迎えました。

「あ……ううっ！」

すさまじい快感に包まれながら、私はたっぷりと精液を彼女の中に放ちました。

私が射精している間も、彼女の腰のうねりは止まりません。まるで最後の一滴まで、精液を搾り出そうとしているかのようでした。

このあとも私は、いろんな場所へ彼女を連れ出しました。海辺だけでなく、ときには街中でも水着に着替えさせ、ゲリラ的に露出撮影をしたこともあります。

人に見つかってしまうこともしばしばあり、太った彼女のビキニ姿は好奇の的です。それでも彼女は、露出撮影を止めたいとは言いません。私からのセックスのご褒美もあるのでしょうが、彼女自身も人に見られるスリルが病みつきになってしまったようです。

もし可能なら、私と同じ趣味のマニアに写真を見てもらい、彼女の魅力をわかってもらいたいと思っています。

百貨店総菜売り場の熟女主婦と職場不倫……甘く蕩けるような女肉に男幹が呑み込まれ

畑中洋一　百貨店勤務・三十歳

私は、百貨店の総菜売り場に勤務しています。

どこもそうでしょうが、百貨店には従業員専用の食堂があります。

先日そこで、昭和のドラマのような出来事がありました。

お昼の混雑時を避け、私は時間をずらして食堂に行っていました。

そこにいつも、フードコートのユニフォームを着た、五十がらみの陽気なおばさんが食事にきていました。私と同じ考えで時間をずらしているのか、シフトの都合なのかは知りませんが、だいたい毎日同じ時間に近い席で食事をするのです。

あるとき、食事を終えたその女性がトレーを持って回収場所に向かったとき、ハンカチを落とすのが見えました。

「落としましたよ」

「あら、すみません」

しかし彼女は両手でトレーを持っているので、私は回収場所までいっしょに行きました。

「ありがとうございます。お気に入りのハンカチだったの」

ハンカチを受け取ると、その女性は茶目っ気たっぷりに言いました。五十ぐらいなのに声がえらくかわいらしく、表情も豊かな女性でした。

それから従業員食堂で会うたびに会釈をするようになり、向かい合うか隣同士で食事をするようになって、やがてアドレスの交換をしました。

「畑中《はたなか》君は、まだ独身なのよね？」

「そうです。野村《のむら》さんは何回ぐらい結婚したんですか？」

「うふふ、おバカ。娘が二人いるわ。下の子があなたと同い年」

小柄で愛嬌のある女性がそのまま歳を取ったような感じで、話をしている間はとてもそんな年齢には思えない妙な魅力がありました。

「なんか、歳の近い女の子と話をしてる気分ですよ」

「あら、うれしいことを言ってくれるわね。昔を思い出しちゃう」

自分でも意外なことに、野村さんのことが頭から離れなくなりました。

スマホで深夜に連絡を入れても、寝ていない限り野村さんは返信してくれました。

ある夜私は、ドキドキしながら際どい文面を打ちました。

『野村さんのパンティ、脱がしたいな』

『あら？　じゃあ勝負パンツはかないと。何色がいい？』

うれしかったのですが、悪い冗談に対してノリがよすぎるとも思いました。こんな文面、旦那さんが見たらえらいことだと思いました。

とりあえず私は、『濃いピンク』と答えておきました。

翌日の従業員食堂で、声をひそめて訊きました。

「野村さん、今日のパンティの色は……？」

「濃いピンクって言ったじゃない……」

野村さんはそれこそ目も合わさず、料理を口に運びながら答えました。

「……正直、どこまで野村さんにバカな冗談を言ってもいいのか悩みますよ」

そこで初めて、野村さんは私の顔を見つめました。

「私もよ。でもここだけの話、エッチな話は大好きだし、畑中君だとつい気を許しちゃって羽目をはずしちゃうの。旦那が寝たあとで畑中君とエロい文章のやり取りをするの、すごく楽しいのよ」

声は小さめでしたが、あっけらかんとした口調が印象的でした。

「野村さん、二人とも早番で仕事が終わったとき、いっしょにお茶でもしませんか？」

「いいわね！　従業員の多い百貨店だけど、実際は自分のお店の人としか交流がないものね」

その日は二人とも早番だったので、さっそくその日の午後六時に、近隣の喫茶店で待ち合わせをしました。

「不思議ね。いつも畑中君といっしょに食事してるのに、なんか緊張しちゃう」

「ぼくもです。お互い私服だしね」

彼女は、白いシフォンのブラウスに赤いジャケットを羽織っていました。

「スカートも短めですね。ドキドキしますよ……」

「ほんとは恥ずかしいんだけど、娘がオバサンくさい服を許してくれないの」

私と同い年の娘さんと仲がよく、よく二人で遊びに出かけるとのことでした。

私はそっと、テーブルの上の野村さんの手に自分の手を重ねました。

野村さんが息を吞むのがわかりました。野村さんは手を逃がさず、代わりにそれとなく周囲を伺いました。

「……ダメよ、畑中君。ここ、百貨店の人たちがよく来るのよ」

「じゃあ、次から場所を変えましょう」

野村さんは私に手を重ねられたまま、うつむいて黙ってしまいました。

ある日、午後の両替をしようと非常階段の重い扉を開けて降りていると、野村さんとばったり出会いました。従業員が多い百貨店に長く勤めていると、こんな偶然はまあるのです。

「野村さんも両替ですか?」

「あら、畑中君。私も両替なの。いつも時間はまちまちなのよ」

非常階段は地下三階から最上階までぶち抜きなので、二人の声はオーバーなぐらいエコーがかかりました。

私はコツコツとむだにドラマチックなエコーを響かせて、野村さんに近づきました。

「え、ちょっ……なにをするの」

そのままゆっくりと、野村さんを抱き締めました。

「喫茶店で、ほんとは手を握るだけじゃなくて、抱き締めたかったんです」

野村さんは逃げませんでしたが、積極的に抱き返してもきませんでした。

「やめて、畑中くん。こんなところ、誰かに見られたら……」

いつもは大胆でエロい発言をするのに、そのときの野村さんの声はかわいそうなぐらい震えていました。

抱き締めている手を下げ、野村さんのお尻をなでました。緊張で体をカチカチにしているのが伝わってきました。

「野村さん、キスしてください」

「ダメよ。それって不倫じゃない……」

野村さんが顔を上げてくれないので、抱き締めたまま私が屈みました。

うつむいたままの野村さんに顔を寄せ唇を重ねました。野村さんはほんの少し、唇をとがらせて私のキスに応じてくれました。

私がそっと舌を野村さんの口の中に入れると、野村さんは実に消極的に舌を絡めてきました。

抱き締めた手でスカートをめくり上げ、ストッキングとパンティ越しに野村さんのお尻をなでました。

「ああん、ダメ、こんなところで……」

彼女の声にエコーがかかり、やけにエロく響きました。

「じゃあ、どんなところならいいんですか？」

「………」

野村さんは目を閉じたまま顔を上げ、次第にキスが積極的になりました。

「野村さん、最初のころ、スマホでぼくが言ったこと、覚えてますか？」

「なんなの……？」

野村さんは寝言のように、不明瞭な声で訊いてきました。

「野村さんのパンティ、脱がしたいって……」

返事はありませんでした。荒くて細かい息が、私の胸で熱く湿っているのがわかりました。

「……シフト、調整できますよね？　野村さんと一日中、いっしょにいたい」

そのとき、どこかのフロアの非常階段の扉が開く音が響きました。

反射的に私たちは体を離しました。そのまま会話はなく、私たちは経理部の両替所に向かいました。私が機械で両替を終えたとき、もう野村さんの姿はありませんでした。

その日は早番でしたが、いつもの喫茶店への呼び出しはありませんでした。夜も待っていたのですが、野村さんから連絡はありませんでした。

もしかして本気で引かれてしまったのかと気をもんでいると、深夜遅くに野村さんからスマホに連絡が入りました。

『この日』

三文字だけの文面で、丸印を入れたシフト表が画像添付されていました。

野村さんは、私の求めに応じてくれたのです。恥ずかしい話ですが、その晩は少年のように興奮して眠れませんでした。

野村さんが提示した日は三日後でした。その間も従業員食堂で会話をして、早番が重なった一度だけ喫茶店に行きましたが、不思議なぐらいその日の話題は出ませんでした。

その日の待ち合わせ場所は、私が指定しました。百貨店から二駅ほど離れた、小規模なラブホテル街です。時刻は朝九時半にしました。

「おはようございます」

「おやよう、畑中君」

職場で会ったときのような普通の挨拶で、ちょっと吹き出しそうになりました。

白いシフォンのブラウスに赤いジャケット、白い短めのスカートと、最初に喫茶店で落ち合ったときと同じ装《よそお》いでした。

「どこでもいいですよね？」

「そうね。陽が高い時間に、こんなところを男の人と歩きたくないわ」

「恥ずかしいですか？」

野村さんは、うつむいたまま返事をしませんでした。

横に並んで歩きながら、私はそっと野村さんのお尻をなでました。野村さんはわかりやすく、体をビクッと揺らしました。

「やめて。誰かに見られたら……」

「誰かに見られても、この辺を歩いてる男女なんだからお察しですよ」

念のため周辺を見ましたが、午前の明るい時間帯のことですから、まったくと言っていいほど人通りはありませんでした。

手のひらいっぱいで野村さんのお尻をなでました。歩くたびにタプンタプンとお尻の肉が段違いに揺れるのが、とてもエッチだったのを覚えています。

「ついに野村さんのパンティを脱がせる日が来たんですね。何色ですか？」

「濃いピンク……」

五十一歳の野村さんは、うつむいたまま、蚊の鳴くような声で答えました。

三番目にみつけたラブホテルの暖簾《のれん》をくぐりました。野村さんはうつむいたままなので、部屋は私が勝手に決めました。

「ぼくも緊張してるんです。ラブホテルは何度も使ったことがあるけど、人妻と来たのは初めてなんですよ……」

狭いエレベーターの中でも暗い廊下でも、野村さんは無言のままでした。

部屋に入ると、狭さのわりに不自然に大きなベッドが見えました。変わったデザインの小さなテーブルに、荷物と上着を置きました。

振り返ると、入り口のそばで野村さんが呆然《ぼうぜん》と立ち尽くしていました。

「どうしたんですか？」

「……ちょっと、驚いてるの。こんなことになって……私、こんなところに来るの、初めてだから」

実に意外な告白でした。

「野村さん、何度もスマホでエロい文章炸裂してたじゃないですか。失礼だけど、不倫プレイなんて何度も経験あるのかと思った」

「初めてよぉ！」

女子中学生のような口調に、こちらが驚きました。

「畑中君の気をひこうと思って、エッチな文章を書いたりしたけど……私、五十歳を越えたオバサンだし、どこまでも冗談で乗ってくれてるだけだと思ってた。こないだ、非常階段で抱かれたとき、すごくびっくりしたんだから……」

私も同年代か自分に近い年齢の女性としか経験がありませんでしたが、それを差し引いても、野村さんへの返答に時間がかかりました。

「……でも、だからといって、回れ右して帰りましょうかというほど、ぼくは優しい男じゃありませんよ」

野村さんは顔を上げ、私の顔を見つめました。その表情からは、覚悟を決めたのか、退路を断たれて絶望したのか、真意は読み取れませんでした。

私はゆっくりと野村さんに近づきました。

「失礼ついでに、すごい物言いをしてもいいですか？」

「なんなの……？」

私はそっと野村さんを抱き締めました。五十路を超えた小柄な女性のやわらかな抱き心地に、非常階段での感触を思い出しました。

「芳恵《よしえ》、おまえはぼくのもんだ。いまからめちゃくちゃに犯してやる」

耳元でささやくように、低い声で言いました。

野村さんは私にしがみついてきました。肩をすくめて、全身に力が入っているのが伝わってきました。

赤いジャケットを脱ぐと、野村さんはうつむいたまま仕方なさそうにブラウスのボタンをはずしていきました。私はそれを無視して、いきなり野村さんの背中と膝裏を取って持ち上げました。いわゆる、お姫様抱っこです。

「えっ、いやっ、怖い！」

言い終えると、私の腕の中で野村さんは艶然《えんぜん》とした笑みを浮かべました。

「私、こんなことされたの、初めて……」

「五十一歳ってのは忘れろ。芳恵はいまは、ぼくの女だ」

「こんなこと、三十五年前にされたかったわ……」

野村さんを抱いたままベッドまで歩き、少々乱暴にベッドにおろしました。スカートがヒラリと舞い、一瞬ふとももの大半が見えたのがえらくセクシーでした。間髪を置かず、私は野村さんに重なると唇を重ねました。同時にブラウスの上から、胸をもみほぐしました。

「あんっ……はあんっ！　畑中君……」

気持ちが切り替わったのか、野村さんの声が湿っぽくなっていました。

「……そういえば、畑中君の下の名前はなんていうの？」

私は平手を打つように、野村さんの頬に軽く手のひらを当てました。

「ひどい淫売だな……名前も知らない男に抱かれてるのか？」

冗談だとわかっているので、野村さんの顔にはバツの悪そうな笑みが浮かんでいました。私も「淫売」などという言葉を使ったのは初めてでした。

「洋一《よういち》だよ。畑中洋一。君の男の名前だ。よく覚えとけ」

「洋一君……」

うれしそうに私にしがみつこうとする手を無視し、私はブラウスのボタンを次々にはずしていきました。

「パンティとおそろいなんだな。見えないところのオシャレは大切だもんな」

からかうように言いながら、私は剝き出しになった野村さんのお腹に顔を寄せ、匂いを嗅ぎました。体温で温められた甘い石鹼の香りがしました。

「ちゃんとシャワーも浴びてきたんだな……」

「朝にシャワー浴びるなんて久しぶりだったわ。みんな出かけてて、家には私一人なのに、目的を考えてドキドキしてた……」

「ぼくのことを考えると、高校生ぐらいの気持ちに戻っちゃうだろ？」

「うふふ、畑中……洋一君は私の回春剤だわ」

回春剤とはまったく色気のない言葉ですが、五十路の野村さんの本音なのでしょう。

ブラウスを剝ぎ取ると、スカートもホックをゆるめてずるずると下げました。

ベージュのストッキングも、優しさの欠片《かけら》もない動きで脱がせました。

「このパンティを、旦那以外の男性に見られるのは何人目だ？」

「洋一君が初めて……」

「そのパンティも、脱がされるんだぞ？」

「………」

パンティの腰ゴムに手をかけ、私はゆっくりと脱がしていきました。

「あああ、恥ずかしい……」

野村さんは両手で顔をおおっていました。私は野村さんの両膝に手をかけ、思いっきり開かせました。

「恥ずかしがってるわりに、芳恵のオマ◯コはベチョベチョだぞ。スケベ女め！」

「ああん、やめてぇ……んあぁっ」

私が野村さんの性器に顔をつけると、弱々しい野村さんの非難は途中から悲鳴に変わりました。

「芳恵のオマ◯コ、ぼくを歓迎してくれてるぞ……」

私は犬のように、ピチャピチャと五十一歳の淫蜜を舐めほじりました。

ゆっくり身を起こすと、私は一瞬で着衣を脱ぎ去りました。

そうして身を倒し、互いに裸で抱き合いました。

「ああぁっ、畑中くん、洋一君……すてき、すてき……！」

野村さんは、驚くほど強い力で私を抱き返してきました。

目が合うと濃厚なキスが始まりました。もう非常階段のときのような、消極的な姿勢ではありませんでした。野村さんの舌は、まるで軟体動物のように、私の口の中を狂おしく責めてきました。

抱き合いながら、野村さんの乳房をもみほぐしました。

至近距離で見ると、不十分な照明でも、毛染めのあとの白髪や、顔の細かなシワが目に入りました。乳房もやわらかいのですが、やはり若い子のような張りはありません。それでも、こんなオバサンを淫らな気持ちにさせているという、不思議な征服感を覚えました。

「芳恵、入れるよ……」

腕をゆるめてくれないので、私は文字どおり手探りでペニスを野村さんに挿入しました。三十年前に子どもを二人産んでいるからか、強い締まりはありませんでしたが、膣道は十分にうるおっており、優しい締めつけ感がありました。

「ああ……ああ、洋一君！」

野村さんは歯を食いしばり、実につらそうな表情をしていました。

挿入が完了すると、野村さんは両脚を私の体に絡めてきました。

私は不自由な体勢のまま、ピストン運動を始めました。

「ああっ！　すごいっ、すごいわっ……こんなの、久しぶりっ……！」

上半身はがっちり抱かれているので、私は下半身だけを、それこそサルのように動かしました。ほどなく、射精欲求が湧いてきました。

「芳恵っ、出るっ、出るっ！」

小刻みなピストン運動のまま、私は五十一歳の主婦の中に射精しました。

その後は逆に野村さんのほうが燃え上がり、結局ラブホテルには七時間も滞在してしまいました。私は四度の射精をさせられ、さすがに疲れたのを覚えています。

あれから三週間が過ぎました。その間に二度、ラブホテルに行きました。

しかし料金がバカにならないので、今後はどちらかの家でセックスできないかと、こっそり従業員食堂やスマホで相談しています。

単身赴任先で知り合った美熟妻と秘密の情事
若い女にはない無限の肉欲が男を狂わせ……

田原啓一　会社員・三十四歳

私は仕事柄転勤が多いのですが、そのときどきで引っ越しをするわけにもいかないので、いまは妻をマンションに残して単身赴任をしています。

独身時代は一人暮らしをしていたので、家事は問題ないのですが、いちばん面倒なのは単身赴任先でのこまごまとしたローカルルールです。

そういうときになにより頼りになるのは、やはり地元の人間、それも主婦です。世間的には「おばさん」と呼ばれるような年齢の彼女たちは、どこに行ってもお節介で親しげにしてくれることが多いのです。私がいま住んでいるマンションにもそういう主婦が何人かいて、中でも斎藤好美《さいとうよしみ》さんという五十過ぎの主婦と親しくなりました。

なんでも最近一人息子が独立したとかで、彼女はその息子さんと私を重ねて見ているようでした。

年ごろの息子はあまり母親と親しげにすることをいやがるものらしく、引っ越してきたばかりの私にあれこれ教えるのが楽しいようでした。もちろん私も助かるので、ついつい彼女を頼ってしまいます。

私も妻を置いてきているというさびしさもあり、そんなとき彼女が差し入れしてくれる惣菜などは、ほんとうに助かっています。そのかわり、たまに彼女と買い物に行って荷物持ちをしてあげたりするととても喜ばれました。

「ほんとうに助かります。うちの旦那はそういうのいやがるもので」

「いいえ、お互い様ですよ。私もずいぶん斎藤さんにはお世話になってますから」

私と彼女が親しくなったということは、妻も知っています。

だけど、浮気とか不倫の心配はしていないようです。世間的には相手は五十過ぎの主婦ですから、まさかそういう関係に陥《おちい》るなどとは思っていないのでしょう。しかし実際に彼女の顔立ちやプロポーションを見ると、そういうのが思いこみだということがわかります。

熟女というと、おばさんとしか思っていない男も多いようですが、その肌は意外なほどきめこまやかで、すべすべしていることに驚かされます。化粧もけっして派手ではありませんが、ナチュラルメイクで外見に気を使っているのがわかります。

彼女たちは自分の年齢を意識しているぶん、全身のケアにも気を使っているのかもしれません。そういう美熟女を前にすると、手を出さないわけにはいかなくなるというのが男の本音です。

私と好美さんが男女の関係になるのも、そう長い時間はかかりませんでした。

私と彼女の仲を怪しんでいるご近所さんはいないようです。私はふだんは会社勤めだし、彼女も一見してただの主婦を装《よそお》っているからです。彼女の旦那さんは休日はたいていゴルフか打ちっぱなし。子どもは部活で、私が車を出して買い物に連れていってあげると、とても喜ばれます。

もっとも、私もその辺は気を使って、彼女以外のご近所さん数名を誘うこともあるので、よもや私と彼女がそういう仲だなんて誰も思わないようです。

そうなると、しめたものです。

二人で買い物に出たふりをして、速攻でホテルに行きます。国道沿いのラブホテルまで行けば、誰の目を気にすることもありません。部屋に入ると、いきなり抱き合ってキスをします。

乳房を片手でもみながら太ももの内側に手をすべらせると、そこはもうしっとりと湿りはじめているのです。

「あぁ、そこいいです……」

「もうこんなになって、敏感なんですね。これならすぐにでも挿入できそうだ」

「いいですよ。私も朝からずっと楽しみにしてたんだもの……早くあなたのち○ぽを突っ込んでほしくて、ワクワクしてたの……」

少し照れくさそうに言う彼女は、年齢を感じさせない愛らしさを見せます。だから、もう彼女の旦那さんが彼女と夜の生活をしてないというのが、私にはまったく信じられないのです。

「まったく、もったいない話ですよ。好美さんはこんなに魅力的なのに、旦那さんも見る目がないなぁ」

「そのくせ、会社の人たちとキャバクラに行ったりするのは大好きなんですよ。古女房より若い娘とおしゃべりするのが楽しいんでしょう。でもいいの……私にだって、啓一《けいいち》さんみたいな若い相手がいるんですから」

私もいちおう既婚者でもう三十代なのですが、五十代の夫婦というのは、みんなそんなものなのでしょうか。

ただし、私たち夫婦にはまだ子どもがいないので、その辺の感覚がわからないのかもしれません。私の妻は確かに彼女よりずっと若いのですが、逆にその若さにまだ未熟さや世間知らずな部分を感じることもあります。

その点、五十代の熟女には、さすがに大人の落ち着きがあります。旦那さんがキャバクラに行っても嫉妬《しっと》もせず、自分は自分でこうして年下の男のモノをくわえこんでいるのですから。それがうちの妻と彼女の差なのでしょう。

私は、自分からペニスにしゃぶりついて舌を使う熟女の激しさに、つい溺れてしまいます。なんといってもセックスの経験が段違いなので、いまさら妙に気取ったところがありません。

私ももっと若いときは、恥じらいのない女なんてダメだろうと思っていましたが、ある程度の年齢になってくると、変な恥じらいをいつまでも持っている女より、逆にあけすけな女を抱くほうが興奮するのがわかります。男だって女だって性欲は持っているのだから、欲望に忠実なほうがよりセックスを楽しめるというものです。

「それはそうよ、女だっておち○ちんが欲しくて、たまらないときはあるもの。そういうときにヘンな遠慮するより、自分からち○ぽをおしゃぶりにいくほうが、満足できるじゃない？」

そう言って彼女は淫らな笑みを浮かべ、伸ばした舌でち○ぽの裏筋を念入りにねぶり上げてきます。片手で玉袋をもんだり、ときには口いっぱいに頬張った玉袋をよだれまみれにされるのは、なんとも興奮します。

そんな顔を見せられると、エキサイトせずにはいられません。

彼女の股を大きく広げて両手で腰を抱き締めると、熟女の肉唇からはねっとり濃厚なスケベ汁が溢れてきます。私はそれをわざと、大きな音を立ててすすり上げてやります。

「あぁん、それいいいっ！　もっと奥まで、舌を奥まで入れて、内側からぺろぺろしてちょうだい！」

言われるままに、肉穴にとがらせた舌先をもぐり込ませ、同時に指先でクリトリスをつまみ上げてやると、それだけで彼女は簡単に達してしまいます。ですがもちろん、一回や二回イッた程度で彼女が満足することはありません。

彼女は頬をすぼめて亀頭を強く吸い上げると、それだけで射精感がこみ上げてきます。だがこれくらいで出してしまってはもったいないので、私は下腹部に力を込めて射精をこらえました。

「血管が太くなって、びくびくしてる……もう射精したいのかしら？」

「いや、まだまだ楽しまなきゃ。好美だってもっと何回もアクメしたいだろう？」

「したいわ……気を失うくらい、数え切れないほどイキまくりたいの。イカせてくれるわよね？」

「もちろん」と言って彼女をうつ伏せにすると、尻を高く上げさせました。

だがすぐに挿入するのも芸がないというもの。まずは中指と薬指で膣穴をかき回しながら、尻穴を舌でくすぐってやります。

特にこの二カ所同時責めは彼女のお気に入りで、ここからさらに指でクリトリスをいじってやると、おもしろいほどあっけなく達してしまいます。

「あはぁん、クリちゃんいじるのダメ……それされるとすごく感じちゃって、変になっちゃうのぉ！」

「いいよ、変になって。それに何回イッても、全然イキ足りないんだろう？」

「そうよ、何度イカされても、もっとイキたくなっちゃうの……ねえ、こんなスケベな人妻は嫌い？」

「まさか」と言って、さらに激しく彼女の股間を責め立てます。こんなにたっぷりのスケベ汁を垂れ流す人妻を、嫌いな男なんているわけがありません。

クリトリスを責めつつ、とがらせた舌先を尻穴にねじ込んでねぶり回すと、彼女はメス猫のような喘ぎ声を洩らしながら続けざまに達してしまいました。

「ねえ……舌とか指だけじゃ、全然満足できないわ。あなたの太くて硬いものが欲しいの……」

とうとう我慢できなくなったのか、彼女は肩越しに振り返って手を伸ばし、私のモノを欲しがります。年上熟女にここまで言われてしまっては、それ以上我慢することなどできません。

彼女は脂の乗ったでかくて丸い尻を、左右に振って誘ってきます、その尻肉をがっちりとつかむと、パンパンに貼りつめた先っぽをあてがいました。

「あぁ、硬い……んくぅうっ、そんな、いきなりそんな深くだなんてっ……」

ですが私も、じっくり熟女のま○こを味わっている余裕などありません。

まだこなれきっていない肉穴を強引にこじ開けるように、一気に茎の半分近くまで捩《ね》じこむと、すごい力で締めつけられました。一度抜こうとしましたが、熟女の肉穴は驚くほどの力で、それ以上押し込むことも抜くこともできません。

それでも腰を軽く揺するような格好で膣穴をこすってやると、さすがに熟女の肉穴もこなれてきて、徐々に大きくピストンできるようになっていきました。

「うぅう、それすごい！　おま○こが揺すぶられてるぅうっ……もっと奥まで、奥まで突いてぇ～っ！」

「たっぷり突いてやるから、好きなだけイっていいんだぞ！」

私はわずかにピストンのリズムを変えつつ、四つん這いの彼女をバックから突きまくります。

しかし少しでも油断すると、射精してしまいそうになります。唇を嚙んで懸命にこらえていましたが、年上熟女の絡みつく女肉の感触に、いよいよ私は覚悟を決めました。

ですが、このままただ発射してしまうのは少々情けない気がします。私は最後の勝負をかけるため、あらためて彼女のでかい尻を両手でつかむと、猛烈な勢いで下腹部を叩きつけました。

「ひあぁぅ！　やあぁ、腰浮いちゃう、浮いちゃうっ！」

斜め下から思いきり腰を突き上げたので、彼女の膝と腰が宙に浮きそうになります。

そのぶん、彼女の中への衝撃は相当なものだったと思います。

最初は「浮いちゃう、浮くぅっ！」と叫んでいた彼女も、やがて声を出す気力もなくなり、顔を突っ伏したままただ息を荒げていました。

「よし……出すぞおっ」

私は下腹部から力を抜き、我慢に我慢を重ねていた射精を解放しました。

それは生まれて初めて感じるほどの開放感で、金玉が空っぽになるようなすさまじい発射感でもありました。

彼女のほうはというと、やはり顔を突っ伏したままぴくりともしません。その背中がかすかに震えているのは、まちがいなくアクメに達していると思われました。

「はぁ、はぁ……だ、大丈夫かい？」

最後の一滴まで彼女の中に吐き出すまで、私もまったく口がきけません。呼吸がととのってからようやく大きく息をつき、彼女にそう呼びかけました。

彼女は肩越しに振りむいて小さな笑みを浮かべたものの、まだ返事をするほどには息がととのってはいないようです。私もあんな強烈な射精は初めてのことでしたし、イチモツは完全に萎《な》えてしまっています。彼女の白い背中を見ていると、もっと何度でも犯してやりたいとは思うものの、さすがに体がついていきません。

そのかわり、彼女に添い寝をするように横たわり、その体を抱き寄せます。彼女もアクメの余韻にひたっていたいのか、私の胸に顔を埋《うず》め、幸せそうに目を閉じて微笑んでいました。

こうした彼女との肉体関係は、いまも続いています。

しかし私も彼女もどちらも既婚者で、お互いの家庭を壊してでも結ばれたいとまでは思っていません。ただ年上熟女との濃厚なセックスは、自分の妻とのそれよりもはるかに刺激的なのは確かです。

だから、彼女とデートできるというときは、朝から股間が疼くほど興奮してしまいます。たとえ前日に同僚から「風俗にでもいかないか？」などという誘いがあっても、なんやかやと理由をつけて断ってしまうほどです。

なぜならもちろん、当日彼女に中出ししたり、飲ませたりする精液が減ってしまうからです。でも彼女のことがバレては元も子もないので、彼女とのデートがない日は同僚と女遊びもしますし、たまに帰郷しては妻にサービスをすることは欠かさないようにしています。

それにしても、昔の私はそれほど熟女好き、年上好きというわけでもなかったのですが、なぜこんなハマるようになったのだろうと疑問に思うこともあります。

「だって、それは私たちの相性がいいからよ。私はあなたに抱かれるのが大好きだし、あなたも私を抱くのが大好きでしょう？」

「なるほどね……そんなふうに言われたら、またムラムラしてきたじゃないか。今日は好美が上になってみるかい？」

前戯が終わって少し休憩していると、彼女とそんな会話をしました。彼女は熟女ならではの淫らな笑みを浮かべると、私をあおむけにして跨《また》がってきます。

彼女は手慣れたもので、まるで自分のそこを見せつけるように指で肉唇を押し開き、深い紅色の膣肉をじっくりと見せてくれました。わりと濃い目のアンダーヘアはちゃんと手入れこそされていますが、その下のマン肉はすでにしっとりと濡れていました。

私はごくりと生唾を飲むと、そこに手を伸ばします。

「すごいな、手首まで垂れ落ちてくるほど濡れてるじゃないか」

「だって私も朝から楽しみにしてたんだもの。我慢できなくてオナニーしたいほどだったけど、一人でイッてしまうのはもったいないから……」

こういう性欲に貪欲ところも、私と彼女は似た者同士だと思います。

中指と薬指を第二関節までねじ込み、もう片方の手の指先でクリトリスをつまみ上げてくりくりと転がしてやると、たったそれだけで彼女は軽く達しました。

「我慢してたのは本当みたいだね。クリちゃんが硬くしこってるよ。それにいま、軽くイッただろう？」

「ええ……ずっとこれを待ってたんだもの。でも、指だけじゃいやよ。この太くて硬いもので、ずぶずぶしてくれなくちゃ……」

「ああ、もちろんだよ」

彼女の太ももを抱き寄せると、器用に腰をくねらせ、陰茎を呑みこんでいきます。熟女の入り口はやや緩いのですが、その奥の締まりが十分なのはわかっています。それでも油断するとすぐにイッてしまいそうになるので、できるだけ時間をかけて、年上熟女の淫らな穴を味わっていきました。

「んんっ、すごい……いつもより奥まで入ってくるみたい」

騎乗位は彼女自身の体重がかかっているので、そう感じるのでしょう。私にはよくわかりませんが、腰を前後にくねらせはじめる熟女のくびれを優しくなで回してやると、彼女は体を軽くのけぞらせて喘ぎました。

「はぁあん、その角度がいいの！　おま○この奥のほうを、ち○ぽの先でごりごりしてほしいのよ！」

彼女に言われるままに少し腰を上げ、陰茎の裏筋で膣壁をこすり立てます。さっき達したばかりのマン肉はひくひくと痙攣し、肉穴の奥からはどろりと熱いメス汁がまた溢れ出てきました。

「あん、ダメぇ……腰が、腰が止められないっ！」

「好きなように動いて、何度イッてもいいんだよ……奥のほうがすごく濡れて熱くなってきてる！」

私の言葉に彼女は顔を赤らめて、目をそらしました。恥ずかしさと気持ちよさがないまぜになったようなその表情がとてもエロくて、私はぐいぐい腰を突き上げます。

「あっ、ホントにイク、イッちゃう！　おま◯こじんじんしびれて、頭ヘンになるぅうう！」

若い女性なら、そこまでいやらしいことは恥ずかしくて言えないでしょう。

しかし熟女ともなると、自分で口にした卑猥な言葉で興奮するのか、私の動きに合わせて自分から腰を前後に揺すってくるので快感は何倍にもなりました。

「すごいよ！　これマジでたまんない……もう出そうなんだけど、中で出しちゃっていいかな？」

私の言葉に、彼女は一瞬だけ驚いた顔をしました。

年齢的に妊娠の危険は少ないと思うのですが、まだそれほど親しくもない年下の男に中出しされるのは、やはり驚いたようです。

彼女はただ、にんまりとエッチな笑みを口元に浮かべています。

ここまで来たら、私もいい加減に我慢の限界です。とはいえ、熟女を妊娠でもさせたら、それはそれでたいへんなことになります。少し迷っていると、彼女はいっそういやらしい動きで腰を揺らしながら、こんなことを言いました。

「やっぱり中はダメ……そのかわり、上のお口で飲んであげる。出そうになったら抜くから……」

彼女の言うとおり、私は再び腰をぐいぐい突き出し、熟女の肉穴を真下から貫きつづけます。

「あっ、私もイキそう……ねえ、まだ大丈夫？　もっと激しく動いてほしいの！」

「ああ、思いきり、いくぞ！」

熟女の肉穴をさんざんかき回し、唇を嚙んで射精をこらえました。そこに彼女の腰の動きも加わるのだから、気持ちよくないわけがありません。

たちまちのうちに猛烈な発射感が押し寄せてきて、私が「ううっ！」とうめくと、彼女はあわてたように言いました。

「出るの？　出ちゃうの？　抜くからお口で、上のお口で、あなたの熱いもの飲ませてえっ！」

「よし、いくぞっ！」

実を言うと、そのときに私はほんの少しだけ精液を、彼女の中に洩らしてしまったのです。ま○こからち○ぽを引き抜くと、彼女は夢中でむしゃぶりついてきました。熱い迸《ほとばし》りが口の中に流し込まれ、彼女は喉を鳴らして精液をすべて飲みほしてくれました。幸いにすぐにシャワーを浴びてま○こを洗ったので、中で出したことには気づかれませんでした。

それからも私は、単身赴任のたびに手ごろな年上熟女を探すようになりました。
やはり女という生き物は、いくつになっても男好きで、ち○ぽ好きなのが最高です。

◉読者投稿手記募集中！

素人投稿編集部では、読者の皆様、特に**女性の方々からの**手記を常時募集しております。真実の体験に基づいたものであれば長短は問いませんが、最近のSEX事情を反映した内容のものなら特に大歓迎、あなたのナマナマしい体験をどしどし送って下さい。

●採用分に関しましては、当社規定の謝礼を差し上げます（但し、採否にかかわらず原稿の返却はいたしませんので、控え等をお取り下さい）。

●原稿には、必ず御連絡先・年齢・職業（具体的に）をお書き添え下さい。

〈送付先〉
〒101-8405
東京都千代田区神田三崎町２－18－11
マドンナ社
「素人投稿」編集部　宛

◉新人作品**大募集**◉

マドンナメイト編集部では、意欲あふれる新人作品を常時募集しております。採用された作品は、本人通知のうえ当文庫より出版されることになります。

【応募要項】未発表作品に限る。四〇〇字詰原稿用紙換算で三〇〇枚以上四〇〇枚以内。必ず梗概をお書き添えのうえ、名前・住所・電話番号を明記してお送り下さい。なお、採否にかかわらず原稿は返却いたしません。また、電話でのお問い合せはご遠慮下さい。

【送付先】〒一〇一‐八四〇五 東京都千代田区神田三崎町二‐一八‐一一 マドンナ社編集部 新人作品募集係

禁断告白《きんだんこくはく》スペシャル《すぺしゃる》 年上《としうえ》の女《ひと》

編者◉素人投稿編集部【しろうととうこうへんしゅうぶ】

発行◉マドンナ社
発売◉二見書房
東京都千代田区神田三崎町二‐一八‐一一
電話 〇三‐三五一五‐二三一一（代表）
郵便振替 〇〇一七〇‐四‐二六三九

印刷◉株式会社堀内印刷所 製本◉株式会社村上製本所 落丁・乱丁本はお取替えいたします。定価は、カバーに表示してあります。
ISBN978-4-576-20157-3 ◉Printed in Japan ◉© マドンナ社

マドンナメイトが楽しめる！ マドンナ社 **電子出版**（インターネット）……https://madonna.futami.co.jp/

Madonna Mate